CARTAS
AL
JOVEN
TENTADO

DAVID HORMACHEA

CARTAS AL JOVEN TENTADO

GRUPO NELSON
Una división de Thomas Nelson Publishers
Desde 1798

NASHVILLE DALLAS MÉXICO DF. RÍO DE JANEIRO BEIJING

GRUPO NELSON
Una división de Thomas Nelson Publishers
Juntos inspiramos al mundo

Betania es un sello de Editorial Caribe, Inc.

© 2002 Editorial Caribe, Inc.
Una división de Thomas Nelson, Inc.
Nashville, TN-Miami, FL, EE.UU.
www.caribebetania.com

A menos que se señale lo contrario, todas las citas bíblicas
son tomadas de la Versión Reina-Valera 1960
© 1960 Sociedades Bíblicas Unidas en América Latina.
Usadas con permiso.

ISBN: 0-88113-714-6
ISBN: 978-0-88113-714-9

8ª Impresión

Contenido

Contenido

DEDICATORIA

Dedicado a mis queridos hijos Jeremy, Christian, Leslie y Dennis quienes por muchos años tuvieron que soportar mi constante manera de involucrarme en el ministerio y las muchas horas fuera de casa. Utilicé parte del tiempo que les correspondía a ellos para compartir con miles de jóvenes. Hoy, por el sacrificio de mis hijos y el tiempo dedicado a conocer a los jóvenes latinoamericanos que amo, tengo conocimiento de la problemática que los aqueja.

Queridos hijos, perdónenme por el tiempo que no les dediqué. Traté de dar lo mejor, pero sé que nunca es suficiente. Nadie me enseñó y pensé que hacía lo mejor. Al mismo tiempo les agradezco por los hermosos momentos que disfrutamos. Me he gozado de sus éxitos y me han dolido sus fracasos. Los amo con todo mi corazón. Espero que mi ejemplo y enseñanzas les motiven a amar a Dios, a su familia y a servir a los demás.

Con cariño y como un homenaje a mi hermano Rubén quien sufre de una seria enfermedad, pero que con la ayuda de Dios y su determinación supo aceptar su condición, manejar su enfermedad como muy pocos lo logran y tener la determinación de batallar contra toda adversidad para seguir amando al Dios que lo salvó. Te admiro por tu decisión de enfrentar el desafío y soportar con fuerza tus limitaciones. Te quiero, Rubén, y recuerda que no eres salvo por obras, sino por la gracia de Dios quien conoce tu enfermedad y te la quitará cuando estés con Él.

Dedicado a mi madre, Norma de Hormachea quien crió a once hijos y siempre nos enseñó a amar a Dios y a la familia; y que con su ejemplo y palabras nos exhortó a vivir en pureza y a servir a los demás.

Mamacita, te quiero con todo mi corazón. Gracias por tu fidelidad, por tu dedicación a la familia y a la congregación y por tu ejemplo de pureza. Me enseñaste que no hay que tener una educación formal para vivir con excelencia y que la humildad, la responsabilidad y la obediencia son virtudes que Dios ama y la gente aprecia.

INTRODUCCIÓN

No hay dudas de que una de las palabras que describe bien a esta generación de jóvenes es la palabra confusión. Muchos viven en un mundo de turbación con relación a muchos aspectos, pero es crítico lo que ocurre con respecto a la vida sexual. Los jóvenes sienten en su cuerpo los cambios fisiológicos, en sus emociones la necesidad de amar y ser amados, y en su mente la premura por la expresión de su sexualidad. Tristemente no están preparados para tomar las decisiones más sabias y no siempre encuentran respuestas claras y directas. Muchos padres se avergüenzan cuando se trata de hablar acerca de la sexualidad con sus hijos. Otros no tienen la información necesaria, muchos más no tienen la libertad ni comprenden los detalles. La gran mayoría no sabe comunicar enseñanzas técnicas ni prácticas, y otros no le dan al tema la importancia que tiene. Ante la reserva de las personas en las que el joven más puede confiar y el terrible silencio de la iglesia, que debe ser baluarte de la verdad incluyendo el tema de la sexualidad humana, los jóvenes se quedan ansiosos de escuchar una voz. Lamentablemente la voz que escuchan es la del libertinaje sexual, la de las películas de Hollywood, la de la educación sexual humanista que rechaza los principios morales que Dios estableció.

Mientras las congregaciones condenan el pecado con justa razón, muchas no enseñan a los jóvenes cómo deben manejar su vida sexual para no cometer pecado. Se hace énfasis en las prohibiciones bíblicas, pero no siempre se explican los principios bíblicos profundamente, ni se dan a conocer comúnmente las consecuencias emocionales y espirituales de romper los mandamientos divinos concernientes a la pureza sexual.

He recibido muchas cartas de jóvenes confundidos. Me sorprendió la sinceridad de muchos y su increíble deseo de conocer la verdad. Me cuentan sus terribles batallas y admiten su gran ignorancia. Muchos confiesan su mundo de impurezas y algunos sus grandes dependencias en el mundo del sexo. Puedo decir con completa libertad que muchos jóvenes están confundidos. Mi opinión se formó después de participar en decenas de programas de radio y escuchar las preguntas que los jóvenes me han hecho; después de leer cientos de cartas y compartir con más de diez mil jóvenes que asistieron a mis conferencias durante este año. Escuché a cientos de ellos después de mis conferencias y me impresionó su dolor y confusión.

La realidad que vivimos obligadamente causa una confusión en los jóvenes de hoy y por ello quiero presentar con claridad y sencillez lo que he estudiado profundamente en la Palabra de Dios y lo que he observado de acuerdo a mi preparación académica y mi experiencia. Mi propósito es ayudar a jóvenes confundidos. Entrelazadas en mi libro encontrará el testimonio, las preguntas, las angustias y las vivencias de cientos de jóvenes que buscaron mi ayuda y que inconscientemente contribuyeron a que otros miles pudieran tener acceso al material que presento en este libro.

LA BIBLIA Y NUESTRA REALIDAD SOCIAL

En las Escrituras existe bastante información con respecto al sexo. Este tema, tan escondido en algunas congregaciones, no es un tabú. Temas como la homosexualidad y la fornicación se discuten abiertamente, y podemos reconocer mandamientos claros y precisos. En cuanto a otras temáticas como el beso, las caricias y la masturbación, no existen mandamientos definidos, pero sí principios que pueden desprenderse con sabiduría.

Estoy convencido de que los padres somos los primeros responsables en comunicar a nuestros hijos lo que Dios diseñó para el sexo. Creo también que la iglesia, que tiene la función de proclamar la verdad del evangelio y la verdad sobre la pureza de la vida, también debe involucrarse seriamente en la preparación de los padres para que estos realicen una labor de preparación con sus hijos en forma honesta, bíblica, y con suficiente información. La mejor defensiva y ofensiva que podemos planificar los padres en nuestro intento de preparar a nuestros hijos contra la gran venta de ideas erróneas sobre el sexo, es entregarles una visión positiva y saludable de la vida sexual que se base totalmente en los valores cristianos.

Gran parte de nuestros jóvenes escucharán en las congregaciones que la Biblia enseña que deben huir de las pasiones juveniles, pero necesitan saber qué pueden hacer. La mayoría escuchará afirmaciones totalmente opuestas a los principios absolutos de la Palabra de Dios, se relacionará constantemente con jóvenes que no tienen ningún interés en Dios y que son parte de familias que no se preocupan de entender y practicar los consejos bíblicos. Debido a lo serio de la presión de grupo durante la adolescencia, la influencia que tienen esos criterios generalizados en los jóvenes es determinante si nosotros no hemos sembrado valores y principios que tengan profundas raíces en la forma de pensar de nuestros hijos.

El sexo fuera del matrimonio está llegando a ser cada vez más común y más ampliamente aceptado en nuestra sociedad. El cohabitar, es decir, la práctica de una vida matrimonial que incluye las relaciones sexuales pero sin la intención de tener una relación matrimonial verdaderamente legal, ha llegado a ser cada vez más popular. La filosofía hedonista de «Playboy» y «Playgirl» llega a aceptarse cada vez más, y tanto las relaciones prematrimoniales como las extramatrimoniales se consideran como algo casi normal en el sistema de valores y en la filosofía de muchos. Por otra parte, nuestra sociedad parece obsesionarse con el sexo, pero el pensamiento de la sociedad se relaciona directamente con lo que piensan los individuos que la componen. Por ello, para poder hacer una evaluación de la sociedad debemos pensar en nuestra propia realidad como seres humanos. Un análisis de nuestra propia inclinación a las pasiones nos moverá a reconocer que esta es una dura batalla que luchamos todos los seres humanos. Ni aun siendo ermitaños podríamos evitar que nos tocara el creciente estímulo sexual que existe en todos los niveles de nuestra sociedad. Además, llevamos dentro de nosotros una naturaleza pecaminosa que constantemente nos incita a salirnos de aquellos principios morales, claros y absolutos que Dios estableció para nuestro bien. Aquello que Dios creó para el disfrute y para ser la más grande manifestación de intimidad, tristemente en determinados momentos algunos lo convierten en algo pervertido. El sexo fue creado por Dios para que se practicara dentro del matrimonio y por un hombre y una mujer que se aman y tienen un compromiso permanente de amor y respeto mutuo. Toda desviación de esta regla es un acto de inmoralidad que de seguro producirá secuelas. Las relaciones sexuales antes del matrimonio, con alguien que no sea su cónyuge, las que se realizan entre personas del mismo sexo, entre hermanos, con niños, con animales; son sexo, pero sexo pervertido. Es una relación sexual, pero fuera del plan de Dios y por lo tanto, inmoral.

Aunque Dios tiene un plan perfecto para la vida sexual de los seres humanos y en ella se produce una relación íntima como en ninguna otra, es posible que al practicarse fuera de los límites que Dios estableció resulte en la destrucción de esa intimidad. Es decir, que lo que Dios planificó para traer hermosas consecuencias, puede producir experiencias de angustia y destrucción cuando los seres humanos se rebelan y hacen algo muy diferente de aquello para lo cual fueron creados.

También, debido a nuestra naturaleza pecaminosa es posible que el sexo, en determinados individuos, esté motivado por el orgullo, por un deseo de manipulación o por deseos exclusivos de satisfacción personal. En esas circunstancias aunque se practique entre personas casadas y aunque la experiencia pueda llegar a ser placentera en términos físicos, las consecuencias emocionales y espirituales llegan a ser desastrosas.

Por supuesto que el mandamiento que indica que debemos practicar la vida sexual conforme a las reglas y principios establecidos por Dios, aunque basado en la Biblia, es rechazado en la práctica por la gran mayoría que no tiene interés en observar los principios bíblicos. A ellos les parecen ideas y pensamientos demasiado anticuados como para formar parte de la mentalidad de la sociedad moderna.

Sin duda existirán serios opositores al pensamiento cristiano de tener una vida sexual de acuerdo con los valores bíblicos porque no sólo se opone a los principios de la sociedad liberal en que vivimos, sino también porque está en antagonismo con los deseos de nuestra propia naturaleza pecaminosa. Debemos reconocer que batallar por mantenerse puro es una lucha que mantenemos todos los hombres que anhelamos vivir conforme a los principios establecidos por Dios. Y por supuesto, no es una batalla sencilla.

UN DISEÑO DIVINO QUE NO ADMITE IMITACIONES

> «DIOS CREÓ EL SEXO. ES BUENO Y SALUDABLE SÓLO
> CUANDO SEGUIMOS LOS VALORES DIVINOS Y
> NO CUANDO SOMOS VÍCTIMAS DE
> LAS PASIONES HUMANAS»

Si Dios creó al hombre y la relación matrimonial, su diseño es el apropiado para las relaciones sexuales saludables. Todo intento de hacer las cosas a nuestra manera es perjudicial porque el modelo perfecto de Dios no admite imitaciones. Para entender cuál fue el plan de Dios para esta relación íntima, hagamos un análisis del tema, examinando algunas verdades que se desprenden de las páginas de la Biblia.

EL SEXO LO CREÓ DIOS Y ES BUENO

El sexo no es una tarea incidental en la relación conyugal. Tampoco podemos decir que Dios creo el sexo para que fuera lo más importante o el corazón de la intimidad, lo que sí podemos afirmar es que el sexo y la intimidad están unidos. El sexo no es un tema tabú en la Biblia y de ninguna manera se presenta como algo vergonzoso. Tampoco se muestra como algo que Dios sólo tolera. La Biblia enseña que el sexo lo creó Dios y todo lo que Él creó es bueno. Dios lo concibió para que lo practiquemos, y es una buena práctica que beneficia a los seres humanos cuando se siguen las reglas divinas.

En mis conferencias comúnmente me preguntan si el sexo es pecado. Esa pregunta no debe contestarse con un simple «sí» o un «no» pues requiere de un análisis serio, profundo y responsable. El solo hecho de que a la mente de un joven llegue un pensamiento sobre el sexo no puede considerarse pecado. Los primeros pensamientos que llegan a la mente de una persona que se relaciona con una persona atractiva no pueden evitarse. No existe pecado en sentirse atraído. No podemos evitar los deseos físicos, así como no podemos evitar que los pájaros vuelen alrededor de nuestra cabeza; pero sí podemos prevenir que hagan nido en nuestro cabello.

Los pensamientos primarios que tenemos cuando vemos a una mujer hermosa de ninguna manera deben considerarse pecaminosos, pero nos metemos en el mundo del pecado cuando empezamos a entretenernos con pensamientos que nos inducen a fantasías y a imaginarnos cosas erróneas. El solo hecho de ver a una persona y admirarla por su belleza no es pecado. Cuando una persona busca una pareja para casarse y se siente atraído no está pecando. No podemos evitar aquellas sensaciones naturales; pero podemos evitar que comiencen a maniobrar nuestra mente, instigándonos hacia el pecado sexual.

LA EXISTENCIA DEL DESEO Y LA PASIÓN QUE DIOS DISEÑÓ NO JUSTIFICA LA SATISFACCIÓN DE LA FORMA QUE LA SOCIEDAD DELINEÓ

Mientras más liberal es el sistema de pensamiento de una sociedad más alejada está de los valores morales cristianos que se fundamentan en los valores absolutos que Dios estableció. Es por eso que existen países en los que se preocupan más en orientar a los jóvenes a evitar las consecuencias de los escapes sexuales o de las aventuras sin un compromiso matrimonial, en vez de motivarlos a vivir dentro de una relación conyugal responsable en donde puedan disfrutar a plenitud de la vida sexual con la persona que ama y con la que debe tener un compromiso para toda la vida. Debido a su falta de valores morales basados en la Palabra de Dios prefieren entregarles condones para que eviten el embarazo y las enfermedades venéreas porque consideran que deben tener relaciones sexuales. No les hablan de abstinencia, ni de compromiso matrimonial, y mucho menos que deben evitar jugar con sus sentimientos y los de otras personas. Por eso en la mente de muchos jóvenes existe esta seria confusión. Creen que debido a que sienten fuertes pasiones sexuales que son normales, tienen justificación para involucrarse en las relaciones sexuales que les permitan satisfacer su necesidad. Pensemos por un momento en esto. Es cierto que los deseos sexuales fueron creados por Dios. Aun más, estoy convencido que son uno de los más preciosos regalos que el ser humano ha podido recibir. Sin embargo, la presencia de ese deseo genuino y natural, de ninguna manera justifica su satisfacción en cualquier circunstancia y con cualquier persona.

En su carta, Mauricio me confirma que estaba confundido y

que no había entendido esta verdad. Creció en un hogar que no funcionó de la mejor manera. Su madre se divorció en dos oportunidades y tenía hermanos de dos padres distintos. Ella no tenía altas reglas de moralidad que se basaran en principios bíblicos. Fue una mujer promiscua y sembró semillas terribles en la mente de sus hijos. Desde los 14 años Mauricio comenzó su práctica sexual. Su mundo de desviaciones comenzó cuando dormía en la misma cama con su hermanito menor. Su mente estaba llena de imágenes que veía en las revistas pornográficas de su padrastro. Mauricio tiene 35 años, ha pasado por dos relaciones matrimoniales, su mente está inundada de pornografía, su esposa no le satisface y lleva un inmenso sentido de culpabilidad y amargura por contribuir a la homosexualidad de su hermano. Después de un intercambio de correspondencia, me buscó desesperadamente. Finalmente llegó a mi oficina pues intentaba con desesperación salir de ese terrible mundo. Un año de asistir a la iglesia y recibir orientación produjeron pequeños cambios pero no los suficiente para que Mauricio cambiara su terrible estilo de vida. Su mente estaba tan llena de basura que tenía terribles murallas en ella. Como dice el apóstol Pablo esas fortalezas mentales se hacen tan impenetrables que impiden el conocimiento de Dios. Esa gran cantidad de pensamientos erróneos no le permitían tener estabilidad espiritual ni abandonar los pensamientos y comportamientos desviados. Lamento decir que pese a mis mejores esfuerzos Mauricio siguió viviendo en su mundo de corrupción.

Las cartas de Ricardo eran cortas pero precisas. Aunque cada una de ellas mostraba su seria confusión. Creció en un hogar cristiano con una buena estructura familiar. Por muchos años fue parte de una congregación. Su condición de líder de los jóvenes le presentaba como un buen candidato para ser buscado por las señoritas que tenía la responsabilidad de dirigir. Se relacionó con una de ellas. Rebeca era una muchacha tranquila y se caracterizaba en el grupo de jóvenes por su carácter y su dulzura. Después de unos seis meses de relación, Ricardo comenzó a presionarle para tener más salidas solos. Hasta allí acostumbraban a salir con el grupo o pasar más tiempo en casa, cuando los padres de Rebeca estaban presente, pero paulatinamente el comportamiento de su novio iba cambiando. Ella comenzó a ceder y pasaron mucho más tiempo solos. Aunque al inicio le molestaba, permitió cada vez más caricias y poco a poco fueron aumentando sus salidas a lugares solitarios y oscuros. En una ocasión Rebeca me dijo que después de algunos meses ya era una rutina tener una cita, buscar lugares solitarios y besarse hasta que era difícil separarse. Ella admitió: «Después, en vez de salir a pasear, lo único que quería era que estuviéramos solos donde pudiéramos abrazarnos y besarnos cada vez más apasionadamente. Muchos de estos encuentros eran demasiado apasionados. Terminábamos sudando y desesperados por tener relaciones sexuales, pero no lo hacíamos. Poco a poco me fui sintiendo mal y traté de evitarlo, pero fue cuando Ricardo insistió más, tal vez creyendo que me perdería. Yo comencé a ceder al pensar también que si no lo hacía lo perdería, hasta que finalmente tuvimos relaciones sexuales. Yo no quería, pero él fue más fuerte y logró convencerme».

La razón de la consulta de Rebeca era la realidad que enfrentan muchas señoritas que pasan por la misma experiencia. Así como Ricardo al principio poco a poco se apasionó y excitó, después de tener relaciones sexuales, con mucha más rapidez se fue enfriando y separando. Mientras me daba un poco de detalles para realizar su consulta, Rebeca relató lo siguiente: «Luego nos separamos. Sufrí inmensamente y no quise ver a ningún muchacho por mucho tiempo, pero ahora estoy a punto de casarme con otra persona». Sus preguntas eran las que he escuchado en muchas oportunidades. Tal vez son las mismas que al leer este libro están invadiendo sus pensamientos: ¿Por qué no puedo sacar esa culpa de mi mente? ¿Podré tener paz en mi matrimonio? ¿Debo confesarle a mi novio que tuve relaciones sexuales? Estas y muchas otras preguntas son parte de la intriga que sigue por años a esas experiencias. Quienes quedan confundidos después que el pecado se ha cometido pueden experimentar esa confusión, ese sentimiento de culpa y muchas preguntas más. No tendrán consecuencias hermosas quienes hacen lo que no deben basados en sus ideas y pasiones humanas en vez de hacer lo que deben porque es el anhelo y un mandamiento divino.

Rebeca y Ricardo crearon una pasión desbordante. En sus últimas experiencias apasionantes ella aún podía contenerse, pero ya era demasiado tarde para Ricardo. No importaron sus valores ni su posición de liderazgo. Estaba ciego por la pasión que originaron. La pasión era más que la razón y que toda buena convicción. Ricardo entró a hurtadillas e invadió la propiedad privada de su novia y se llevó la comida a la fuerza. Satisfizo su pasión con la persona que aún no debía, en un estado civil que no lo permitía y en un momento que Dios no aprobaba.

Escribo este libro para jóvenes y señoritas confundidos por los mensajes antagónicos que reciben. Es una advertencia para quienes creen que sólo porque Dios creó el sexo como una necesidad que debe ser satisfecha, ellos tienen la libertad de hacerlo cuando quieran. El mensaje claro que encontramos en los consejos divinos es que la existencia del poder no justifica su satisfacción. Los valores divinos enseñan que no porque exista el poder de realizar algo, es apropiado hacerlo sin reglas o límites. Permítame ilustrar esta verdad con en el siguiente ejemplo: Imagínese que usted y su familia disfrutan de un asado en el patio de su casa. Al pasar por allí, el aroma tienta a un hombre hambriento y decide entrar a su propiedad. Este personaje tiene mucha hambre pues no ha comido por muchos días. Se pone en una situación muy incómoda cuando observa a algunas personas comiendo apetitosos platos. Piensa pasar sin mirar, e incluso se pone un pañuelo en la nariz para que ese tentador aroma no produzca una mayor necesidad de satisfacer su apetito. Sin embargo, mientras más se aproxima, más nota lo difícil que es evitar ese delicioso aroma. En vez de cambiar de camino, persiste en pasar por allí; y mientras más se acerca, más grande es su tentación. Poco a poco comienzan a pasar extraños pensamientos por su mente. Es una persona de bien, pero está hambriento. No quiere hacer daño a nadie y mucho menos romper su integridad, pero siente una gran urgencia de satisfacer su profunda necesidad. En su mente existen ahora extraños pensamientos. Acercarse, pedir algo de comida, o manipular un acercamiento y aprovechar de un descuido para robar algo de comer. Mientras se acerca piensa que será difícil hacerlo por lo que tendrá que determinar un buen plan para lograr su objetivo. Sabe que con astucia y fuerza puede lograr conseguir lo que desea y necesita. Su pasión por comer y su deseo genuino de sentir satisfacción le mueven a actuar con desesperación. No puede contenerse y entra con violencia. Por su profunda necesidad y movido por su pasión ignora las advertencias de no traspasar los límites de esa propiedad privada y golpea a quien se atraviesa, toma por la fuerza los alimentos y cumple su propósito de llevarse la comida. Obtuvo lo que deseó, satisfizo su necesidad cuando quiso y como quiso. Estoy convencido de que si yo pidiera que emitiera un juicio justo, su veredicto sería que ese hombre hambriento quebrantó la ley pues la existencia de este gran deseo que demandaba satisfacción inmediata no le autorizaba a violar las leyes y buscar su satisfacción. No tenía ningún derecho de satisfacer su deseo en un lugar al que no pertenecía y de una forma no legal. De la misma manera, la existencia del deseo sexual no justifica acciones que quebranten las leyes divinas. No es saludable, es perjudicial. Quien debido a la sola existencia de un deseo humano determina satisfacerlo rompiendo las leyes divinas sufrirá las consecuencias.

Debido a la formación liberal que ha tenido, o debido a la falta de valores morales, una persona puede decidir tener relaciones sexuales fuera del matrimonio. Si piensa que tiene el poder para hacerlo, pues cada uno debe vivir conforme a lo que cree, indudablemente podrá disfrutar de la satisfacción de su necesidad, pero por hacerlo de una forma no permitida por Dios tendrá que sufrir las consecuencias. Rebeca las vivió, estoy convencido de que usted también las experimentará si actúa en desobediencia y no espera con integridad y paciencia.

LA EXISTENCIA DEL PODER PARA BUSCAR SATISFACCIÓN A UNA NECESIDAD NO JUSTIFICA APARTARSE DE LA VERDAD

Me gusta participar en conferencias destinadas a orientar a los jóvenes pues ellos siempre tienen preguntas cuestionables. Felipe, ante una audiencia de cinco mil jóvenes, no tuvo problemas para lanzar una afirmación verdadera y una pregunta directa: «Señor Hormachea, usted afirmó durante su conferencia que Dios fue el que nos dio la capacidad de tener sexo. Si Dios me dio la capacidad de aprender, reírme, comer, eso tengo que hacer. ¿Por qué esta área tiene que ser la excepción? ¿Por qué no puedo utilizar mi capacidad para tener relaciones sexuales si Dios mismo me dio el poder para tenerlas?» Me alegró la pregunta honesta y directa pues sabía que interpretaba el sentir de muchos jóvenes, principalmente de aquellos no cristianos. Era una pregunta lógica, tenía mucho sentido. En mi respuesta, Felipe y miles de jóvenes aprendieron que Dios estableció determinado orden para todas las cosas. No debemos comer cuando queramos, como queramos y lo que queramos y creer que viviremos saludablemente. Podemos hacerlo, muchos lo hacen, pero no es apropiado. Muchos sufren las consecuencias de comer por comer sin evitar lo dañino y buscar lo nutritivo. Podemos comer fuera de las horas, pero provocaremos enfermedades. No existen dudas de que todos tenemos el derecho y la capacidad de dormir, pero para vivir saludablemente debemos tener horarios ordenados y descansar lo aconsejable y de la forma apropiada. Muchos no lo hacen así, ellos siguen sus propias reglas y por ello sufren las consecuencias. El dormir menos de lo requerido o más de lo debido afecta la vida normal de una persona. No es sabio hacerlo. Es verdad que Dios nos dio la capacidad sexual para usarla, pero no cuando se nos ocurra a nosotros. Podemos hacerlo, pero cuando utilizamos ese poder inapropiadamente, sin seguir las leyes del Creador de las relaciones sexuales, no podemos vivir vidas emocionales saludables. Ese poder debe usarse con la persona, en la circunstancia, en el momento y en el tiempo adecuado; entendiendo por tiempo adecuado el designado por Dios y no por los valores relativos de las culturas diversas.

Armando es portador del virus del SIDA. Por la confusión de valores que tenía en su mente comenzó temprano su activa vida sexual. Su participación en las drogas le provocó la salida del hogar. Sus padres no pudieron soportar las terribles consecuencias que manifiestan quienes están atrapados en este tipo de adicción. De manera sabia, y después de esperar con paciencia y de ofrecerle toda la ayuda necesaria decidieron expulsarlo de la casa. Estaba poniendo en peligro la integridad del resto de los miembros de la familia. Hoy tiene 35 años y por convicción e integridad está cumpliendo lo que era antes su deseo. No se ha casado. Decía que nunca se casaría. Que el matrimonio no se realizaba por un papel y que cuando amaba no necesitaba documentos que lo probaran o lo obligaran. Se enamoraba, cortejaba a una chica, tenía relaciones sexuales, comenzaba a vivir con ella y después de algunos años, y en algunos casos meses, terminaba la relación. En una de sus tantas aventuras de sexo sin compromiso y sin una moralidad basada en principios divinos fue contagiado con el virus. Hoy es un cristiano fiel. Hace dos años decidió que Jesucristo fuera el Señor y Salvador de su vida en medio de una severa crisis. Al final de mi conferencia para jóvenes me dijo: «Como usted dijo, yo viví una temporada de pasiones desenfrenadas creyendo que a mí nunca me pasaría nada. Hoy tengo paz, pero quisiera tener una esposa e hijos y no deseo poner en riesgo a ninguna mujer. Como usted mencionó en su conferencia por utilizar mi poder sexual en el tiempo no adecuado, hoy no puedo utilizarlo cuando podría ser apropiado».

Las palabras de este hombre joven tocaron mi corazón. Era impresionable su condición, pero más aún lo era su relato. Me partía el corazón ver cómo poco a poco se iba consumiendo. Armando había llegado a una condición espiritual que le permitía creer en la vida después de la muerte. Ahora sabía que como cristiano creyente en las enseñanzas de Jesucristo, tendría vida eterna. Me confesó con muchas lagrimas en los ojos que anhelaba partir de este mundo con su Señor, el cual perdonó sus pecados. Entendía lo que yo había explicado. Comprendió que en su gracia Dios le perdonó todos sus pecados, pero ese mismo Dios en su justicia determinó no privarle de las consecuencias de su desobediencia. Armando tuvo el poder para tener relaciones sexuales pero no aceptó los límites que existen. Quiso jugar en una cancha marcada por él mismo y conforme a sus propias reglas. No se sujetó a la autoridad moral, ni respetó las leyes del Creador de las relaciones sexuales. No sabemos cuantos meses más vivirá. Pronto se marchará de este mundo pues su estado de salud es crítico, pero su testimonio quedará como una seria advertencia que debe motivar a los jóvenes a creer con todo su corazón que la capacidad de satisfacer una necesidad no es una autorización para apartarse de la verdad. Su testimonio es la muestra de las consecuencias más graves que una persona puede tener. Por cierto, no todos los que se rebelan contra los principios de la moralidad divina experimentarán tan graves consecuencias, pero todos experimentarán algunas, pues no es posible hacer lo incorrecto y recibir recompensas buenas.

No tengo ninguna duda de que el poder para disfrutar de las

relaciones sexuales está en nosotros, pero debemos usarlo cuando la autoridad divina lo permite. Esto que escribo no es nada nuevo. Se aplica en todos los campos de la vida y no debe sorprendernos que Dios demande lo mismo. Por ejemplo, quien ingresa al ejército de su país recibe el entrenamiento indispensable para manejar armas de fuego. La meta de sus entrenadores es que usted se convierta en un experto en el manejo de dichas armas. Quieren que su puntería esté bien afinada y su capacidad de reacción cuando se le exija sea la necesaria para luchar con competencia. Después de años de entrenamiento finalmente usted recibe su arma. La ceremonia de entrega de armas es emocionante.

Fui testigo de ello cuando mi hermano recibió su arma al cumplir con el servicio militar obligatorio en mi país. Allí están los familiares de los conscriptos emocionados por el logro alcanzado después de un duro entrenamiento. Suponga que usted pasa por todo ese entrenamiento y después de recibir el arma asignada se le envía a patrullar la frontera. Usted no sólo tiene la capacidad de disparar, sino que tiene a su disposición las armas necesarias. Debido a que usted recibió la autoridad y tiene el poder para manejar armas de fuego, ¿significa que puede usarlas a su antojo? ¿No es cierto que sería absolutamente ridículo y condenable? Si apostado en la garita de vigilancia usted comienza a matar a voluntad ¿está usted haciendo lo legal, lo correcto, lo moral? Junto con el poder y la capacitación recibida usted recibió regulaciones y órdenes que debe cumplir. No sólo se le instruyó para que utilizara el arma sino para que empleara su inteligencia, su prudencia y su sabiduría. Cuando recibió esa arma, cuando se graduó como soldado, recibió poderes y atribuciones, pero para someterse a la autoridad. Usted no se manda solo. El uso de su capacidad no depende exclusivamente de su criterio. Por supuesto que depende de su buen juicio pero no exclusivamente de él. Sería una locura si usted recibe la autorización de actuar solamente en dependencia de su criterio. Si su criterio y valores mandan en el uso del arma que le fue entregada por sus superiores, imagínese que pensara que todos los que cruzan la frontera ilegalmente deben recibir la pena de muerte. Debido a su criterio usted utilizaría su arma y mataría a quienes lo hicieran pues el uso de ella depende de su sensatez y ésa es su norma.

Por otra parte, imagínese que alguien quiere cruzar la frontera ilegalmente. Cuando usted como autoridad intenta detenerlo, el individuo saca un arma y comienza a dispararle para evitar que lo capturen. Allí usted debe usar de su buen criterio y defenderse. Tiene derecho ha hacerlo pues está establecido que puede utilizar su arma para su defensa personal y cuando sea atacado por los ilegales. Como funcionario del ejército usted está preparado para responder, tiene el armamento para utilizarlo y ahora debe someterse a su buen criterio, pero basado en determinadas normas que impiden el gobierno de los criterios personales para evitar el caos. Los que tienen el poder deben estar sujetos estrictamente a la ley. Esto también se cumple en el campo de la sexualidad. Tenemos el poder de usarlo pero no de una manera indiscriminada.

Dios nos dio el poder y la capacidad de tener relaciones sexuales y todos deberíamos entrenarnos con excelencia en el uso de esta habilidad para que sometidos a las leyes divinas experimentemos el gozo de la intimidad. Dios nos dio la capacidad sexual para usarla, pero es pecado emplearla según el criterio propio. Dios no dejó la práctica de la sexualidad humana sujeta a los criterios personales. Si así fuera, tendríamos que admitir que quien piensa que debe tener relaciones sexuales con menores podría hacerlo pues su práctica sexual depende de su criterio. Si la práctica de la sexualidad humana dependiera del criterio de las personas también debería permitirse las relaciones sexuales con animales, pues es el deseo de un individuo y cada persona puede hacer lo que piensa. Usted y yo sabemos que nadie debe hacer lo que quiere sólo porque sus valores se lo permiten. Todos debemos someternos a las leyes de los países en que vivimos, y cuando esas leyes se basan sólo en criterios de individuos sin los principios divinos para la moralidad, corremos grandes riesgos. Los hombres vamos cambiando nuestros criterios. Poco a poco vamos aumentando nuestro nivel de tolerancia de acuerdo al cambio de los legisladores y a las variaciones en las corrientes de los pensamientos de la mayoría de las personas que componen cada país. Si las leyes morales dependieran solamente del criterio de los políticos y legisladores sin los estándares divinos, ellos serían influenciados por la tendencia mayoritaria de la sociedad. Si esa sociedad no estableció sus criterios de moralidad basándose en los mandamientos de Dios sino en lo que proyectan las películas que producen las mentalidades libertinas de Hollywood, entonces la mayoría aceptará lo que les conviene a sus pasiones y no lo que Dios demanda, aunque no sea agradable. Después los políticos buscarán agradar a sus electores para ganar las elecciones pero no actuarán de acuerdo a las leyes divinas ni a sus indicaciones. Por eso cuando un país pierde su aceptación de los valores absolutos y prefiere los valores relativos, la buena moral se pone en peligro. No viviremos en naciones saludables si cada uno hace lo que siente cuando quiere y como quiere. Debemos utilizar nuestro poder de acuerdo con las leyes divinas.

Dentro del plan de Dios, el instinto sexual es algo bueno, es una fuente poderosa de vida y de unidad entre dos seres humanos; pero el conducirse fuera del plan de Dios lo convierte en lujuria. Al actuar irresponsablemente el sexo puede ser un instrumento de división en vez de unidad, una fuente de crueldad en vez de una expresión genuina de amor, una muestra de perversión y manipulación en vez de demostraciones de aprecio y ternura.

Quisiera agregar algo importante que lamentablemente muchas personas ignoran, y es el hecho de que dentro de la voluntad de Dios la unión sexual cumple el propósito divino solamente cuando es una expresión del genuino y verdadero amor. Me refiero a ese amor transparente que desecha expresiones egoístas y todo intento de manipulación. Ese amor verdadero que no ignora las necesidades del ser querido para buscar la satisfacción propia.

CAPÍTULO SEGUNDO

UN PLAN DIVINO QUE DEBEMOS CONOCER

> «LAS RELACIONES SEXUALES FUERON DISEÑADAS POR DIOS PARA EL DESARROLLO DE LA FAMILIA, LA PROPAGACIÓN DE LA RAZA HUMANA Y PARA EL PLACER. IGNORAR ESTE PLAN DIVINO PARA LA VIDA MATRIMONIAL PRODUCE SERIAS CONSECUENCIAS EN LA RELACIÓN CONYUGAL»

No importa cuán ingenioso sea el plan humano para la vida conyugal, nunca funcionará si no se basa en la intención del Creador. Dios fue el Creador de la vida matrimonial y por lo tanto sabe perfectamente cómo debemos relacionarnos. Mientras más uno estudia la Biblia, el libro inspirado por Dios para comunicarnos la verdad, más se da cuenta de que no existe duda de la intención de Dios de que mediante la relación sexual entre un hombre y una mujer con un compromiso para toda la vida, se propague la raza humana en un contexto de familia. No hay dudas de que Dios quiso que ese encuentro de procreación se caracterizara por ser una experiencia placentera y hermosa.

Observe Génesis 4.1 donde dice que Adán conoció a su mujer Eva. La palabra «conocer» describe la primera relación sexual.

Producto de esta relación Eva concibió y dio a luz a Caín. Es importante lo que ella declara: «Por voluntad del Señor he adquirido varón». Esta declaración certifica que el acto sexual del hombre y la mujer era el instrumento elegido por la voluntad de Dios para traer al mundo un varón. Se puede por eso afirmar que las relaciones sexuales son la voluntad de Dios, son un diseño divino, y que por medio de ese acto, Dios determinó que se realizara la multiplicación de los seres humanos. Fue Dios el que soberanamente estableció que las relaciones sexuales fueran el método de reproducción. Dios elige el método y luego ese mismo Dios ordena al hombre y a la mujer que se multipliquen.

Es muy claro en el relato bíblico el propósito de Dios con respecto a la vida en familia. No es la voluntad de Dios que un hombre comience a diseminar hijos producto de su unión con cualquier mujer que le dé la oportunidad o con cualquier mujer que sienta pasión. Aunque en el inicio permitió las relaciones sexuales entre familiares para continuar la propagación de la raza humana, posteriormente, cuando se cumplió el propósito, Dios las prohibió. Es obvio que la intención divina era que los padres criaran a los hijos en un ambiente de amor y dentro de un sistema familiar. Es contrario a la idea de Dios andar procreando hijos sin responsabilidad y sin compromiso matrimonial. Dios quiso que las relaciones sexuales produjeran hijos que fueran criados por un padre y una madre. Al inicio de la primera relación matrimonial Dios dice: «dejará el hombre a su padre y a su madre». Esto significa que debe comenzar una nueva familia bajo su responsabilidad, luego de que él mismo se formó en su núcleo familiar. Luego agrega: «y se unirá a su mujer». No dice que se unirá a cualquier mujer, o que él y una mujer al azar «serán una sola carne», ni que tendrá hijos con una mujer cualquiera o tendrá relaciones sexuales con quien sea y sin responsabilidad de iniciar una familia. En esas declaraciones divinas, tal como explico en los capítulos iniciales de mi libro *Una puerta llamada divorcio* y en mi serie de cintas de audio *Cómo tener una relación conyugal que resista las tormentas*, Dios determinó que existiera una relación matrimonial que se inicia cuando la pareja se separa de sus respectivos padres, lo cual se basa en el compromiso de estar unidos hasta la muerte, y determinado por el concepto de vivir en unidad y plena intimidad.

Para apoyar mi declaración de que Dios creó el sexo también para el placer, debemos estudiar en la Biblia el libro de Cantar de los Cantares. En este libro del Antiguo Testamento, inspirado por Dios y dejado para nuestra instrucción, se describe con un lenguaje poético la relación amorosa entre un hombre y una mujer. Este pequeño libro describe el placer sexual que se experimenta en la vida conyugal.

El mandato de Dios para el hombre fue que dejara descendencia en este mundo, para que la familia y la raza humana se propagaran, pero que ese acto sexual no fuera sólo un acto mecánico. Dios determinó que existieran las sensaciones, lo diseñó para que existiera el placer. Con absoluta seguridad podemos determinar que según el consejo bíblico el placer sexual no es pecado cuando se realiza conforme al plan divino; cuando esta relación íntima se lleva a cabo dentro del matrimonio y conforme a los principios de Dios. Las descripciones que aparecen en este libro son bastante explícitas y de ninguna manera son una ofensa ante nuestro Dios. Si fuera así no se incluirían entre los libros inspirados por el Espíritu Santo. Tampoco las palabras del proverbista están equivocadas, más bien nos presentan con claridad mandamientos específicos con respecto a la relación de un hombre con su esposa. Estas palabras dirigidas al hombre dicen: «Sea bendito tu manantial, *y alégrate con la mujer de tu juventud,* Como sierva amada y graciosa gacela. Sus caricias te satisfagan en todo tiempo, *y en su amor recréate siempre*» (Proverbios 5.18,19; cursivas añadidas).

El sexo en el Antiguo Testamento se muestra como un regalo de Dios destinado no sólo a la tarea de traer hijos a este mundo; sino también para la satisfacción de una de las legítimas necesidades humanas, como lo es el deseo de placer. Dios ordenó el matrimonio para que en él, el hombre y la mujer encuentren satisfacción a sus necesidades físicas y emocionales. Por supuesto, aunque hablo del sexo como placer personal, de ninguna manera esto debe interpretarse de una forma tal que algunas personas crean que debe ser deificado o adorado. Es un grave error creer que el sexo es un fin en sí mismo, pues lo que sí es evidente es que solamente es un medio para lograr fines loables. Si el acto sexual es la consecuencia de una buena comunicación y de una relación integral de una pareja unida en matrimonio, ha cumplido con el propósito divino, de lo contrario se convierte simplemente en un acto carnal. Si la relación sexual no se fundamenta sobre la base del amor y del aprecio, si su cimiento no es una buena comunicación, indudablemente sólo se convertirá en un acto carnal, no en un acto de placer integral.

El acto sexual no es un acto egoísta de satisfacción personal. Es un acto que ambos deben disfrutar para que cumpla su verdadero diseño. De acuerdo con las enseñanzas bíblicas, Dios creó a la mujer para suplir las necesidades del hombre; pero de la misma manera el hombre fue creado por Dios para suplir las necesidades de la mujer. El uno sin el otro es incompleto. Si cualquiera de ellos busca exclusivamente su placer sin buscar el placer integral de la persona amada, está hiriendo la dignidad de su cónyuge. Cuando las relaciones sexuales funcionan adecuadamente, bajo los términos escriturales y supliendo las necesidades de ambos cónyuges, se establece un nexo tan firme que puede hacer que el matrimonio sea lo suficientemente fuerte como para permanecer. El placer sexual debe ser una experiencia mutua. La primera relación sexual consumará la unidad de la pareja y las siguientes relaciones sexuales continuarán renovando y sosteniendo esta unidad a través de la vida. El verdadero sentido se logrará si ambos cónyuges encuentran satisfacción en su experiencia sexual. Si uno de los cónyuges está sólo buscando su placer y no es un tierno instrumento para la satisfacción de su pareja, y si su meta es lograr gratificación individual en vez de compartir el placer sexual, el resultado será el resentimiento, nunca el contentamiento.

Lo más importante en las relaciones sexuales en el matrimonio es que la pareja aprenda lo imprescindible que es el respeto de los valores y los sentimientos de la persona amada, y que aprendan en unidad el arte de satisfacerse mutuamente. Por supuesto, esto no se logra súbitamente, más bien se requiere de una buena disposición a aprender, de una entrega personal sincera, de una preocupación genuina por su cónyuge, además de tiempo y de paciencia.

Por otra parte, creo que es errónea la actitud de algunos que por tener convicciones obtenidas por una interpretación incorrecta o incompleta de las Escrituras creen que el sexo es algo pecaminoso y que debe evitarse. En el Nuevo Testamento la enseñanza que ordena a los esposos a no evitar la actividad sexual es clara. En la Biblia no encontramos ningún llamado a pecar. El llamado es a abstenerse de lo pecaminoso. Si el apóstol exhorta a los casados a no abstenerse de las relaciones sexuales, obviamente el sexo no es pecaminoso. Ese mandato indica con claridad que el sexo no es algo que Dios sólo permite y tolera por la debilidad humana, sino que es algo que está ordenado para que sea practicado normal y periódicamente por la pareja unida por los lazos del matrimonio. Usted puede estudiar la veracidad de estas declaraciones y examinar estas afirmaciones si estudia el claro mandato del apóstol Pablo que aparece en 1 Corintios 7.5.

Algunos quieren interpretar la orden de no negarse como algo que no se refiere a las relaciones sexuales, pero el contexto de este pasaje niega tal afirmación. Pablo habla sobre las relaciones sexuales dentro del matrimonio y en ese contexto dice: «No os neguéis el uno al otro, a no ser por algún tiempo de mutuo consentimiento, para ocuparos sosegadamente en la oración; y volved a juntaros en uno, para que no os tiente Satanás a causa de vuestra incontinencia».

Si usted analiza la enseñanza literal de éste versículo, llegará a algunas sencillas, pero evidentes conclusiones. En la declaración que dice «No os neguéis» existe una clara prohibición. Los cónyuges no deben negarse a tener relaciones sexuales a menos que existan elementos pecaminosos que deban rechazarse. Un cónyuge puede negarse a prácticas pecaminosas o a continuar teniendo relaciones sexuales con su pareja si la misma desea permanecer en adulterio. Un cónyuge puede negarse en caso de enfermedad. Sin embargo, en circunstancias normales, la única excepción es el llegar a un acuerdo que obviamente requiere el consentimiento mutuo y en el cuál debe existir un propósito espiritual legítimo. Pero aunque sea producto de un acuerdo de los cónyuges, deben evitar que pase demasiado tiempo. Pablo dice que los cónyuges no deben negarse, «a no ser por algún tiempo de mutuo consentimiento, para ocuparos sosegadamente en la oración», pero luego agrega «y volved a juntaros en uno, para que no os tiente Satanás».

El evitar las relaciones sexuales es un acto de desobediencia a las claras indicaciones de Pablo. Los cónyuges que lo hacen traerán consecuencias negativas a la vida conyugal, aunque sus intenciones sean las mejores. Quienes rechazan tener relaciones sexuales regulares en su matrimonio abren la puerta para que Satanás entre con sus tentaciones y motive a alguna caída en adulterio que atente contra la continuidad del matrimonio conforme al deseo divino.

No hay dudas en las Escrituras. Las relaciones sexuales son un diseño divino para que mediante ellas tengamos hijos de forma placentera y dentro de la vida de familia, con un compromiso de amor, respeto y fidelidad hasta la muerte.

CAPÍTULO TERCERO

UNA LEY DIVINA QUE NO SE DEBE ROMPER

> «LAS RELACIONES SEXUALES DEBEN
> REALIZARSE ENTRE UN HOMBRE Y UNA MUJER
> Y EXCLUSIVAMENTE EN LA RELACIÓN CONYUGAL.
> LAS RELACIONES HOMOSEXUALES Y FUERA DE
> LA VIDA MATRIMONIAL SON PECAMINOSAS
> Y TRAERÁN SERIAS CONSECUENCIAS»

El estudio responsable y exhaustivo de las Sagradas Escrituras nos lleva sin duda a la conclusión de que el sexo es exclusivo para el matrimonio. Siempre que en la Biblia se habla de sexo se refiere a parejas casadas. Al contrario, la palabra «fornicación» aparece más de 47 veces en la Biblia y en muchos pasajes se refiere a actos de inmoralidad sexual en general. La palabra se usa sólo dos veces para describir un acto sexual de mutuo consentimiento, entre personas no casadas, y con alguien del sexo opuesto. Es decir, relaciones sexuales prematrimoniales.

Una de las preguntas que se hacen las personas constantemente es si Dios permite las relaciones sexuales prematrimoniales. Algunos desean que se permitan y dicen tener buenas razones. En nuestra sociedad liberal algunas personas tienen la tendencia a pensar que para disfrutar de una adecuada relación sexual en el matrimonio hay que prepararse con anticipación, y que la única preparación que pueden tener es practicar el sexo antes de llegar al matrimonio. Algunos justifican sus acciones pecaminosas diciendo que el acto sexual que se realiza antes del casamiento es una forma de preparación para un matrimonio feliz. Las mentes liberales se preguntan: ¿Cómo podemos saber si no hemos aprendido? ¿Cómo podemos aprender si no hemos experimentado? ¿Cómo podemos estar seguros de que nos complementamos sexualmente si no practicamos antes de casarnos? Ellos quieren aplicar un proverbio popular del África que dice: «uno debe afilar la espada antes de salir a cazar», y los libertinos se preguntan: ¿No es eso también válido en la vida sexual?

He recibido muchas preguntas en mis conferencias. Cientos de cartas muestran no sólo que tengo muchos amigos confundidos, sino que existe un deseo sincero de conocer la verdad con respecto a la vida sexual de un joven. Entre las muchas preguntas, algunas como estas vienen a mi mente: ¿De qué vale casarse si en el matrimonio me doy cuenta de que soy un impotente por no tener el suficiente entrenamiento y no aprender anteriormente cómo usar ese poder que habita en mi cuerpo? ¿No existe peligro de que los órganos sexuales permanezcan sin desarrollarse por no usarse? Por supuesto que la respuesta es un rotundo «no». Ni la ciencia así lo cree y mucho menos esa forma de pensar tiene algo de apoyo en la Palabra del Señor.

En Cantares 8.6 se declara algo radical al decir que el amor es tan fuerte como la muerte. Es extraña esta comparación en la Biblia, pero la verdad es que ambos, el amor y la muerte, tienen algo en común, y es que no deben buscarse nunca antes del tiempo adecuado. Estas dos experiencias son muy poderosas y ambas deben llegar en el tiempo apropiado, conforme a la voluntad del Dios soberano que las creó. Si usted cree que puede saber lo que se siente cuando uno está muerto intentando dormirse profundamente, está realmente equivocado. De la misma manera es absurdo tratar de saber cuál es la satisfacción que se siente como producto de las relaciones sexuales motivadas por el amor verdadero y dentro de las leyes divinas, involucrándose en un acto sexual fuera de los límites de lo establecido por el Creador del sexo, que es Dios. El sexo según Dios no se limita a la unión de cuerpos. Nadie puede experimentar intimidad uniendo sólo su cuerpo al de otra persona y sin tener un compromiso de amor para toda la vida. Las condiciones en las cuales el verdadero amor debe experimentarse son mucho más altas.

Permítame hacer otra comparación que tal vez le pueda ayudar a comprender mi punto de vista. Supongamos que desea saltar en paracaídas, pero debido al peligro que implica y por ser su primera experiencia, usted decide eliminar los riesgos realizando un salto muy corto. Para hacerlo se sube al techo de su casa, o a un árbol muy alto. Sin embargo, una altura de 8 o 10 metros no es suficiente para permitir que su paracaídas se abra. Si usted de todas maneras decide lanzarse, lo más seguro es que se rompa el cuello, pues el paracaídas no se diseñó para que funcione de la forma en que quiere usarlo. Necesita saltar de la altura adecuada, debe seguir las instrucciones del fabricante y saltar a muchos metros de altura si quiere que el paracaídas se abra y así tener la posibilidad de aterrizar con seguridad. Este mismo principio se puede aplicar en el caso del amor verdadero. Debe tratar de disfrutar del alto vuelo de la satisfacción que se experimenta en la vida sexual matrimonial sujeta a los principios divinos, no saltar de unos pocos metros, porque solamente en las grandes alturas del matrimonio, y después de recibir la debida instrucción y el consejo bíblico, la experiencia sexual se desarrolla adecuadamente.

En algunas de mis conferencias los jóvenes preguntan ¿Si no deben existir relaciones sexuales antes del matrimonio, entonces cuando se deben iniciar? De acuerdo al consejo de la Biblia, el momento en el cual se deben comenzar las relaciones sexuales es la luna de miel y no antes. Cuando la pareja se casó para tener una relación matrimonial de compromiso y hasta que la muerte los separe, tienen la libertad de iniciar su vida sexual.

Por supuesto, debido a que se debe realizar como, donde y cuando Dios lo determine, la luna de miel, esa puerta de inicio a la actividad sexual, no debe ser un acontecimiento sin la debida planificación. La relación sexual no debe ser un acto fortuito o sin planificación. Tristemente hay mucha gente que se prepara para todo; pero no para este momento tan importante de la vida matrimonial. Las parejas que se van a casar necesitan tener la información adecuada con respecto al acto sexual en sí mismo. Las memorias de una luna de miel adecuada pueden dejar grabados recuerdos hermosos en la mente de la pareja, pero en cambio, la frustración que sienten quienes tienen expectativas exageradas no traerá consecuencias positivas.

Muchas personas piensan, equivocadamente por supuesto, que al llegar al matrimonio, lo único que necesitan es estar enamorados, casarse y tener relaciones sexuales; y que esto automáticamente les llevará al éxtasis de la vida sexual. En mis años de consejero he descubierto que esa idea es absolutamente falsa.

Las relaciones sexuales adecuadas no ocurren por accidente, son la consecuencia de un proceso que hay que aprender inteligentemente y practicar sabiamente.

Las relaciones saludables no se logran sólo por practicar lo que se conoce. Son el resultado de una planificación ingeniosa, de una buena iniciativa, de buenos deseos de cooperación, de una adecuada comunicación y comprensión, son, en síntesis, el producto de una práctica adecuada. Es una experiencia que resulta del amor sincero. Es una experiencia deseable cuando los cónyuges se respetan y se tratan con ternura. Para que cumpla con los requisitos divinos debe practicarse dentro de una relación conyugal formal por personas comprometidas a amarse, que tienen sabiduría, que comprenden las diferencias y que están dispuestas a satisfacerse mutuamente.

El sexo debe iniciarse en el matrimonio pues allí determinó Dios que existiera un compromiso permanente de amor mutuo. El apóstol Pablo enseña que el cuerpo del hombre casado no le pertenece más a él, sino a su esposa y lo mismo demanda que piense la esposa. Nuestros cuerpos pertenecen a nuestro cónyuge para que aprendamos a cuidarlo con ternura y a satisfacer sus necesidades. La vida sexual según el libro de Dios es para que ambos se entreguen y disfruten permanentemente de ese amor y cariño, no para tener un encuentro a escondidas o sin compromiso. Por eso la negativa de uno de los cónyuges a tener relaciones íntimas saludables pone en serio peligro al cónyuge que anhela y necesita actividad sexual constante. Este se sentirá motivado a buscar esa conexión sexual con alguna otra persona. Por eso, la vida sexual que se inicia en el matrimonio debe mantenerse saludable para que no exista la tentación de buscarla fuera del matrimonio.

Creo que una de las razones de tanto conflicto en la vida emocional de los jóvenes y en las relaciones amorosas es la confusión que existe en muchos de ellos. José estaba lleno de ideas contradictorias. Por una parte decía que era capaz de amar, pero tuvo relaciones sexuales con tres chicas y, según su propia confesión, para él no fueron tanto un problema pero para las chicas la experiencia fue desoladora, sobretodo porque generalmente después que conseguía lo que quería, es decir, las relaciones sexuales, comenzaba a separarse de ellas. Era como disfrutar de una naranja, sacarle el sabor, disfrutar de su dulzura y tirar los restos a la basura. Este joven no sabía discernir entre lo moral e inmoral y creía que la sexualidad era sinónimo de caricias corporales, especialmente en las zonas más eróticas. Muchos jóvenes, cuando comienza a despertar en ellos la excitación y su sexualidad normal les produce sensaciones que no han experimentado en el pasado, no saben cómo reaccionar y simplemente reaccionan en forma animal o bajo el asesoramiento de amigos o de medios de comunicación que promueven el sexo y las pasiones, en vez del amor y el desarrollo de la sexualidad con una alta moralidad y altas convicciones saludables. Entre los jóvenes existe un gran número de charlatanes. Cuentan experiencias que nunca han vivido, relatan lo que vieron en películas pornográficas como si fueran experiencias propias y se muestran como expertos en sexualidad. Hacen alarde de la cantidad de chicas con quienes se han acostado, presumen de su vida sexual activa e incitan a otros a entrar en ese mundo del sexo prematrimonial.

Entrar a la vida sexual de esa manera es lo peor que puede hacer una persona.

En muchas ocasiones los padres me preguntan por qué sus hijos caen en la vida sexual prematrimonial, creo que la confusión de valores y principios, así como la presión de la sociedad y los amigos juegan un papel importante. Pregunté a Ramiro qué era para él la sexualidad y me habló solamente del placer y de los órganos genitales. No podía pensar que la sexualidad incluía un conjunto de condiciones anatómicas y fisiológicas que son características de cada sexo. Así como muchos creen que la nutrición es comer, muchos piensan que la sexualidad es tener sexo. La nutrición incluye el comer, pero el saber comer. Incluye la comida, pero la comida con nutrientes apropiados. Incluye alimentarse, pero hacerlo de acuerdo a reglas y no sólo comer por comer. Alguien que se nutre aumenta la sustancia de su cuerpo y provee los nutrientes necesarios para mantener al cuerpo saludable. No es comer lo que desea, cuando desea y como desea. Es comer lo que debe, cuando debe y donde debe. De la misma manera la sexualidad saludable incluye tener sexo, pero no cuando el individuo lo desee o lo necesite, sino cuando el satisfacer esa necesidad sea el fruto de una alta moralidad conforme al proyecto divino. Relaciones forzadas y que han cedido bajo la presión de las pasiones humanas nunca serán bendecidas. Deben tenerse cuando producen bienestar físico, emocional y espiritual, tanto a nosotros como a la persona que decimos amar. La sexualidad fue creada por Dios y tiene sus límites y formas.

La gran mayoría de los jóvenes se alimenta de la propaganda y la manipulación sensual de los medios de comunicación y la sociedad, que no desea someterse a los valores espirituales. Es una presión y una forma de pensamiento que se basa en la moralidad de hombres y mujeres libertinos que desean vivir en el mundo del sensualismo. Ellos son eternos aficionados a satisfacer los gustos y deleites de sus sentidos. Andan en una búsqueda permanente de la satisfacción de sus deleites. Esto es debido a que el individuo sin temor de Dios tiene una propensión excesiva a satisfacer lo que siente. Los seres humanos no somos animales que sólo se dejan guiar o se unen por instinto. Somos seres humanos, pero cuando actuamos como animales siguiendo nuestras sensaciones sin restricciones morales, éticas, sociales, emocionales y espirituales, no sólo nos dañamos a nosotros mismos sino a quien decimos amar. La sexualidad conforme Dios la diseñó tiene parámetros, y el individuo que sabe que existen cosas buenas y malas en las relaciones sexuales y determina sujetar su sensualidad a los más altos principios de la moralidad basada en las leyes divinas, actúa bien. Quien desee vivir saludablemente debe respetar lo que es bueno para tener un desarrollo y un cuerpo saludable. Quien tiene el compromiso de hacer lo correcto, respetará los mandamientos sociales que exaltan la dignidad y la moralidad humanas.

Alejandro no solamente tenía un hijo a sus escasos 19 años, sino que además estaba involucrado en la masturbación y la pornografía. Anita, su novia, se separó de él después de dos meses de nacer un niño que no deseaban. Los padres de ella se dieron cuenta de que Alejandro era un vividor y Anita confesó que para lo único que la buscaba era para tener relaciones sexuales. La confusión de Alejandro era tal que estaba convencido de que hacía lo correcto. En una de las sesiones admitió: «Así como las mujeres tienen menstruación nosotros tenemos que evacuar cada cierto tiempo nuestro semen y nada mejor que estimularse con películas pornográficas». Es cierto que ha partir de la pubertad todas las mujeres comienzan sus períodos menstruales. La menstruación les ocasiona cambios físicos y emocionales. Esta no es una temporada de goce físico, sino un período de incomodidad y muchas veces de dolor. Los varones en cambio tenemos la oportunidad de eliminar el semen mediante lo que se llama eyaculaciones nocturnas o «sueños húmedos». Debido a esa presión que siente, un varón tiende a buscar satisfacción. Producto de que nos excitamos por lo que vemos, tendemos a caer más en la pornografía que las mujeres, pero las chicas ni idea tienen de la gran presión que sienten los varones. En forma muy natural el joven comienza a investigar su mundo sexual y cuando descubre satisfacción tiende a repetir la experiencia. Muy fácilmente, al tocar a una chica y acariciarla puede sentir sensaciones tan atractivas que se sentirá motivado a seguir investigando. Ese deseo que le presiona le motiva a buscar una chica. Ese anhelo de responder a esa necesidad y la sensación agradable que siente le lleva a entrar paulatinamente en su mundo de investigación del sexo opuesto.

Marlene contaba con dolor su experiencia. Esteban comenzó acariciando sus manos. Notó que cada beso iba aumentando la pasión de su enamorado. Admite que ella sentía algo lindo, pero se asustaba de cómo Estaban se transformaba y siempre quería algo más. Le mordía los labios, jugaba con la lengua, y luego los movimientos de la lengua simulaban el movimiento de la relación sexual. Después de unos meses Esteban le recorría el cuello con sus besos y tocaba sus senos. Aprendió a meter los brazos bajo la blusa y aunque Marlene siempre llevaba ropa más difícil, buscaba la manera de tocarla. Marlene permitía todo lentamente. Ella me dijo: «Me oponía al principio, me asustaba y luego poco a poco él me convencía. Me convenció que al acariciarnos no hacíamos nada malo y no corríamos peligro». Sin embargo, después de tres meses de excitación, Esteban no pudo contenerse e impaciente quiso obligar a Marlene a tener lo que llamaba «un juego sexual». Quería que sus órganos sexuales se tocaran. Marlene se opuso y Esteban irritado rompió algunos de los botones de su blusa. Ella huyó desesperada y debido a esa experiencia traumática buscó mi consejo. Sólo veinte minutos de conversación después de una de mis conferencias me mostraron a una señorita confundida, herida y absolutamente atemorizada. Se sentía culpable, se sentía destruida y tenía terror que otro muchacho se le acercara. Habían pasado dos años y ni siquiera deseaba salir con otro muchacho.

Quienes actúan como Marlene van camino a las relaciones sexuales antes del matrimonio, pues no se puede jugar con la pasión sexual y no esperar que crezca y nos lleve a desear estar con nuestra pareja íntimamente.

EL JUEGO DEL AMOR: ESTRATEGIA DE LOS JÓVENES

Alguna vez escuche un par de declaraciones que incorporé a mis pláticas por el gran mensaje que entregaban. Ellas no describen la intención de todos los jóvenes, pero sí la motivación consciente o inconsciente de muchos de ellos. Un conferencista dijo que los jóvenes juegan al amor para conseguir sexo y que las señoritas juegan al sexo para conseguir amor. Creo que existe una gran verdad en estas palabras. Los jóvenes no necesariamente parten del pensamiento de que en toda relación con una chica jugarán al amor para conseguir acostarse con ella. Aunque existen jóvenes así, la gran mayoría no planifica acostarse con todas las chicas que se lo permitan. Sin embargo, todos los hombres aprendemos a jugar con el amor. Aprendemos a decir las palabras correctas y a utilizar con astucia el romanticismo porque eso nos permite la conquista. Mediante la conquista podemos tener una experiencia de cariño, y cuando pasamos más y más temporadas de caricias, nuestra pasión va creciendo hasta llegar en la gran mayoría de los casos, si no en todos, al deseo sexual. Cuando nos enamoramos de una chica y pasamos tiempo con ella existe una mezcla de romanticismo, sentimientos y deseos sexuales. Los varones tenemos más deseo sexual y conquistamos con el romanticismo. El romanticismo nos lleva a ser sentimentales, generosos, soñadores, atentos y respetuosos. Mediante esta herramienta jugamos al amor. Las chicas están esperando que alguien las ame y nosotros sabemos que el romanticismo comunica sentimientos. Los detalles que muestran nuestra atención y respeto impactan a nuestro objeto de conquista. Nuestras canciones, las cartas que escribimos, las flores que enviamos, el regalo que compramos es todo parte de un juego genuino que despierta una reacción en la mujer y que motiva al muchacho a seguir respondiendo más profundamente cuando la chica contesta a sus atenciones románticas. Luego el hombre reacciona en un setenta, ochenta o noventa por ciento motivado por su pasión o deseos sexuales. Los besos, las caricias elevan la pasión y aumentan el deseo sexual. Con el aumento del contacto físico aumentan las pasiones por eso se avanza a las relaciones sexuales antes del matrimonio.

EL JUEGO DEL SEXO: ESTRATEGIA DE LAS SEÑORITAS

Las chicas inician su encuentro con la persona de quien están enamoradas con todo un mundo de ilusión. Sus emociones están alteradas y viven intensamente su pasión. Ellas piensan en estar juntos y compartir. No necesariamente con unas pocas caricias se motivan a tener relaciones sexuales, aunque les agrada la experiencia. Piensan más en el romanticismo que en sus deseos sexuales. Algunas usan ropas más sensuales, aprenden actitudes provocativas y conquistadoras en su intercambio con otras muchachas y también de los medios de comunicación.

Su intención es captar la atención. No anhelan que las deseen sexualmente o estimular al enamorado y a los extraños, pero se sienten bien cuando saben que llaman la atención.

A las mujeres les gusta que las admiren y mucho más si es alguien que ha cautivado su amor. Ella quiere gustarle a su príncipe. Pero también caen en otro juego. A diferencia de los varones que juegan al amor para conseguir sexo, ellas juegan al sexo para conseguir amor. Muchas piensan en lo que le agradaría a su príncipe azul. Desean vestirse de una manera que cause más atracción. Por ello comienza con juegos sexuales. Permite besos y caricias y consciente o inconscientemente provoca al varón, el cual no necesita mucho estímulo para sentirse apasionado. Para el joven basta con mirar, pero el tocar le lleva a experiencias muy estimulantes. La mayoría de los hombres sabemos lo que es sentir atracción fuerte, pero no todos aprenden a dominar sus impulsos eróticos. La mayoría de los hombres podemos sentir pasión, pero no todos hemos aprendido a someternos a los mandamientos morales. Todo depende de la formación que tengamos. Quien aprendió que Dios no permite el sexo batalla contra sus deseos.

Cuando alguien aprende buenos conceptos del amor, entiende que cuando se ama hay que luchar fuerte y con convicciones para evitar hacer daño y para no romper las reglas divinas. El individuo que ama a Dios debe aprender a tener dominio propio. Cuando ese carácter íntegro maneja la vida de un joven, se vuelve más confiable pues tiene un mayor compromiso con la fidelidad y el amor genuino.

El estar juntos, tomarse de la mano, los simples besos de despedida, no son malos. Es una forma de traspasar el nivel de amigos y vivir una relación de enamorados. Es lindo compartir, pero en la práctica la mayoría de las parejas de jóvenes no se quedan allí, cada vez anhelan más. Los jóvenes siguen en su juego y continúan con besos prolongados, apasionados y con caricias que cada vez se acercan más a los senos y genitales, con lo que se logra cada vez un estímulo sexual mayor, que conduce a las relaciones sexuales sin compromiso matrimonial. Las chicas que comienzan a jugar en el mundo del sexo se convierten en presas fáciles de relaciones ilícitas. Jugar a la chica sexy, vestirse provocativamente, permitir caricias en zonas estimulantes y permitir largos besos apasionados puede ser un juego de sexo para conseguir el cariño y el aprecio, así como la atención, pero mientras ella juega al sexo para conseguir amor, su príncipe azul está jugando al romanticismo y al amor, y su pasión va en aumento hasta que le lleva a desear el sexo. Quienes se dejan llevar por los estímulos y no les ponen freno van camino hacia el quebrantamiento. Consciente o inconscientemente se dirigen a la frontera que determina si nos relacionaremos íntimamente como Dios dispuso o como nosotros deseamos. Lamentablemente muchos están dispuestos a traspasar la frontera que los introduce en el mundo de la vida sexual sin límites. Allí algunos perderán su virginidad. En medio de sus encuentros excitantes muchos pensamientos les motivan a buscar el placer. Algunos se convencen de que será sólo una vez y nada más, de que lo podrán mantener en privado y nadie lo sabrá. Ellos comienzan a pensar que nada ocurrirá pero la ley de la siembra y la cosecha comienza a activarse. Esta ley no es como la ley del límite de velocidad que es diferente en los distintos países o que las autoridades pueden cambiar. Esta ley de las relaciones sexuales dentro del matrimonio es como la ley de la gravedad que nunca cambia. Esto lo pueden confirmar miles de personas que hoy viven lamentables experiencias por no esperar con paciencia. En estudios que se realizaron y en las conversaciones con muchos jóvenes que decidieron quebrantar las leyes espirituales y morales se comprueba que muchos de ellos tienen menor satisfacción sexual en el matrimonio. Esto es debido a que el establecimiento de vínculos sexuales con otra persona deja marcas en sus mentes. No podrán evitar las comparaciones, y el recuerdo de las relaciones sexuales anteriores invaden la mente de aquellos que comienzan su relación matrimonial. Esto complica el desarrollo normal de la intimidad. Esas barreras, esos recuerdos, esas emociones mezcladas o incluso esos recuerdos traumáticos producirán conflictos. No se puede tener inmediatamente una intimidad saludable si durante o después de las relaciones sexuales con su novio anterior sintió el desprecio o sintió que sólo le usaron para un momento de pasión y luego le rechazaron. Por ello quienes tienen relaciones sexuales prematrimoniales generalmente tienen un proceso más largo de ajuste en la intimidad matrimonial.

En conversaciones con esposas que sufren por la mala conducta de sus maridos, he descubierto que la gran mayoría de ellos no empezaron a ser infieles después de comenzada la relación matrimonial, sino que habían sido infieles a Dios y a sus principios desde las relaciones durante el noviazgo. Ellos pudieron hacer algo indebido, rechazado por Dios y por la gran mayoría de los padres, ellos engañaron, se ocultaron para tener una relación sexual no permitida. Es lo mismo que hacen cuando están casados. Ellos se esconden, rompen principios, rechazan los valores divinos cuando deciden ser infieles a su cónyuge. Por ello quienes son infieles en las relaciones prematrimoniales, son más vulnerables a las relaciones sexuales extramatrimoniales.

No existe ninguna duda que quienes siguen sus pasiones y no se someten a las indicaciones bíblicas de iniciar su vida sexual en la relación matrimonial, tienen más posibilidades de tener conflictos emocionales debido a sus acciones pecaminosas, a su rechazo a los mandamientos de Dios, a su desobediencia a los padres, y porque en cada relación sexual se inicia un vínculo que deja marcas cuando estas se rompen. Cuando una persona tiene una experiencia sexual entrega parte de sí a la otra. Se entregan sentimientos y se establece un vínculo emocional que queda protegido en una relación matrimonial en la que se han jurado amor hasta que la muerte los separe, pero sin soporte, sin un fundamento adecuado y sin reglas, si la unión es sólo producto de la pasión. Cuando se tienen relaciones sexuales sin una relación matrimonial, ciertamente que se va creando una mayor necesidad, pero sin un compromiso verdadero. Cuando viene la separación después de haberse entregado mutuamente, la persona se inunda de resentimientos, en otros casos se llena de culpabilidad o tiende a evitar relaciones saludables en un futuro pues las experimentadas han sido enfermizas. En las relaciones sexuales prematrimoniales no existe otro beneficio que el placer inmediato y pasajero, pero a costa de una gran cantidad de consecuencias malas en el futuro.

Es cierto que en la mayoría de los casos la mujer es la que debe poner los límites, pues el hombre generalmente llegará hasta donde la mujer lo permita. Ella debe ser firme y saber que si se dispone a jugar con las pasiones de un hombre puede sufrir desde abuso hasta violaciones. Pero a la vez, creo que los jóvenes que desean vivir saludablemente, los jóvenes que anhelan llegar al matrimonio con salud emocional, paz espiritual y sin ninguna enfermedad venérea, deben tomar su responsabilidad en los encuentros con su novia. Los hombres íntegros y que desean hacer bien a la persona amada, deben ayudar, respetar a su pareja y ser un instrumento de respeto y de inspiración para hacer lo que es correcto.

CAPÍTULO CUARTO

UN PECADO HUMANO QUE ACTIVA LA JUSTICIA DIVINA

«DIOS NOS DIO LIBRE ALBEDRÍO PARA QUE ELIJAMOS
SI QUEREMOS EVITAR EL PECADO O PRACTICARLO.
CUANDO ELEGIMOS LA DESOBEDIENCIA Y LA
REBELIÓN, LA JUSTICIA Y LA DISCIPLINA
DIVINA ENTRAN EN ACCIÓN»

No existe mejor historia para ilustrar lo terrible de la disciplina divina por nuestros actos de desobediencia que la historia de David. En el relato bíblico que estudiaremos existen una serie de principios muy claros que nos ayudan a tener un concepto bastante acertado de lo que Dios enseña con respecto a la pureza sexual y acerca de los peligros y las consecuencias que el hombre y la mujer experimentarán si se involucran en acciones pecaminosas.

En 2 Samuel 13 se presenta una escena bastante dramática de una historia que por sus detalles parecería una película moderna pero que es el relato de acontecimientos reales en la familia de uno de los hombres más respetados en la historia bíblica.

Las porciones de las Escrituras que mencionaré demuestran claramente que las relaciones sexuales fuera del matrimonio son una desviación del plan de Dios y sus mandamientos. Definitivamente, Dios las declara pecaminosas y, por supuesto, todo pecado trae consecuencias destructivas a la vida del hombre. No existen dudas de que Dios perdona todo pecado de la persona que se arrepiente con sinceridad, pero las consecuencias que provoca la rebeldía no siempre se eliminan sólo por su gran bondad.

Toda la vida se mueve en torno a los principios creados por Dios. Él creó leyes universales que deben respetarse. La obediencia de esas leyes resulta en el bienestar de la persona. La desobediencia produce siempre consecuencias. El mundo no sólo se constituye de elementos físicos, en este mundo existe personas creadas por Dios, que tienen espíritu, alma y cuerpo. Es decir, Dios es el que gobierna todo. Para que la persona viva saludablemente debe seguir las instrucciones del Creador. Él dictaminó lo que debemos y lo que no debemos hacer. Creó la ley física del equilibrio. Dictaminó que existiera la ley de la gravedad y por ella todos los objetos son atraídos al centro de la tierra. Existe una fórmula inviolable. Mientras más pesado es el objeto y más distancia hay entre él y la tierra, más velocidad adquirirá al soltarlo y más grande será el impacto. Dios también creó leyes emocionales y leyes espirituales. Nadie puede violar estas leyes sin sufrir las consecuencias.

Dios dice que el pecado es el rompimiento de la ley espiritual que demanda santidad. Todo el que peca recibirá un pago justo por su pecado. Existen leyes emocionales y quien juega con ellas también tendrá que soportar los resultados de sus acciones.

El contexto de este capítulo nos demuestra que esta historia se desarrolla en el palacio del rey David. David fue uno de los más importantes reyes de Israel. Su administración eficiente de los recursos de la nación le hizo pasar a la historia como uno de los más reconocidos estadistas. David se preocupó de engrandecer su nación y nunca en su historia Israel había extendido tanto sus fronteras. Este extraordinario estratega militar, duro en la batalla y sabio para dirigir la nación, también era un excelente poeta y músico. Tristemente su más grande debilidad estuvo en la vida familiar. Un historiador alguna vez dijo que el palacio de David se había convertido en un pandemónium de intriga y pasiones. En el palacio había esposas y concubinas. Los hijos convivían con hermanos y medio hermanos. Por su despreocupación de la vida familiar, su rechazo a vivir en una relación fiel y su desobediencia a los planes de Dios para la familia, David preparó el ambiente propicio para que sus hijos eligieran vivir sin altos valores morales.

Al conocer esta historia de pecado que ocurre en la familia de David y lo pecaminoso de sus acciones tal vez usted se pregunte con asombro, ¿cómo es posible que David reciba una hermosa descripción? No la recibió de su familia, tampoco de sus amigos, sino de parte del propio Dios Todopoderoso. Dios lo llamó «un hombre conforme al corazón de Dios». Esta forma de describir a David de ninguna manera significa que no cometiera errores y pecados. Al leer su historia descubrimos que este hombre, conforme al corazón de Dios, cometió algunos pecados tan indecorosos que perjudicó no solamente su vida, sino la de su familia. Su rebelión y sus pecados produjeron terribles consecuencias que le persiguieron hasta su muerte.

David fue un hombre sincero, pero pecador. Fue un hombre deseoso de hacer el bien y que amaba a Dios, pero imperfecto. Luchó permanentemente contra los desvíos de sus pasiones. No pienso que era un rebelde que no le interesaba lo que Dios pensaba. Creo que era amante de Dios y anhelaba cumplir su voluntad, pero su naturaleza pecaminosa le jugó malas pasadas y también en ciertos capítulos de su vida se dejó guiar por sus pasiones más que por sus convicciones. Voluntariamente decidió desobedecer a Dios, tal como lo hacemos nosotros. Precisamente uno de estos graves pecados se relata en 2 Samuel 11. En forma sucinta, pero impresionante, allí se nos presenta la historia de su adulterio con Betsabé.

Las consecuencias que David sufrió debido a este pecado fueron drásticas, y uno de los relatos más impresionantes de la Biblia se encuentra en este conocido capítulo. El profeta Natán, hombre sencillo, honesto y directo, cumpliendo una orden divina, fue el encargado de llevar el terrible veredicto. Dios rechazó su comportamiento pecaminoso y la biografía de este gran rey de Israel nos muestra que la sentencia que recibió se cumplió al pie de la letra.

CUIDADO CON LA TENTACIÓN, APARECE GENERALMENTE EN LAS TEMPORADAS DE DESCANSO Y DIVERSIÓN

Recordemos que David en el capítulo 11 se encontraba en su palacio, mientras gran parte de su ejército estaba en la guerra. El relato se inicia diciendo que «en el tiempo que salen los reyes a la guerra», David decidió quedarse en su palacio. No existía nada malo en su decisión. Finalmente era el rey y podía decidirlo libremente. No hay nada dañino en el descanso y la merecida diversión, el terrible error es ceder ante la tentación que generalmente acompaña a las temporadas de entretenimiento y sosiego.

David decidió, sin duda correctamente, tomarse una temporada de reposo. Es posible que sus múltiples ocupaciones exigieran que dedicara algún tiempo a recobrar su energía. Para ello nada mejor que una buena temporada planificada de descanso y diversión, aunque es necesario que estemos conscientes de los peligros que pueden acompañarla. Estar solo, en un tiempo de descanso y diversión, y tener el poder para elegir lo que uno quiere es una combinación peligrosa cuando no existen fuertes convicciones y la seria determinación a no pecar.

Observe el relato de la experiencia de David y notará que en medio de su diversión experimentó una seria tentación. En cierto momento decidió caminar por los terrados de su palacio. Mientras observaba el panorama vio a una mujer muy hermosa, Betsabé, que estaba en una casa tan cercana que podía verse desde la terraza del palacio del rey. Ella estaba bañándose mientras su esposo, llamado Urías el heteo, estaba en la guerra. El rey la vio desde su terraza y la observó lo suficiente como para permitir que su pasión le dominara. Para llegar a sentir lo que sintió debió de contemplarla con mucho cuidado. La circunstancia era tentadora. Nosotros los hombres, que nos estimulamos por lo que vemos, comprendemos que no es nada fácil tomar la decisión de dejar de mirar. Más bien nos motivamos aun más a pecar mientras más miramos. Por ello David no se sintió satisfecho con enfocar su mirada en esa bella mujer por un lapso de tiempo y codiciarla en su mente para luego olvidarse. La pasión lo consumió y movido por sus emociones decidió mandar a buscar a Betsabé, la esposa de Urías.

TRATAR DE OCULTAR UN PECADO ASTUTAMENTE MOTIVA A MAYORES PECADOS INEVITABLEMENTE

David planificó su estrategia y utilizó su poder para traer a la hermosa Betsabé al palacio y cometer adulterio. El tiempo pasó y tristemente el acto pecaminoso del rey produjo sus frutos. Betsabé quedó embarazada. La noticia destrozó a David. Experimentó duros momentos de depresión. La desesperación lo envolvió y comenzó su loca carrera descendente. Pasó de un pecado al otro y cada vez actuó de forma más pecaminosa. Quizás por culpabilidad, vergüenza, por temor o cualquier otra razón, planificó cubrir su pecado a cualquier precio.

David no era distinto a cualquiera de nosotros. Todos odiamos que nos descubran. David no actuó diferente a muchos adultos, jóvenes o adolescentes que en sus temporadas de diversión caen en la tentación y luego de un momento de pasión se encuentran desesperados porque ocurrió lo que no esperaban. Todos pensamos que podemos continuar en nuestro pecado y que a pesar de que Dios lo conoce, podemos evitar que se haga público nuestro error. Eso es exactamente lo que dice el proverbista. Debido a que Dios no ejecuta una sentencia inmediata cuando cometemos un pecado, los seres humanos tendemos a continuar practicándolo.

Conozco lo terrible de esta temporada de dolor. He sido testigo del testimonio de algunas señoritas que me declararon que estaban embarazadas. Vaciaron su dolor conmigo y confesaron su pecado incluso antes que tuvieran el valor de abrir su corazón a sus padres. He sido testigo del terrible sufrimiento y culpabilidad que las consume. He visto sus lágrimas y me ha quebrantado el dolor que experimentan. Algunas han confesado con confusión la serie de pensamientos que invaden su mente. Desde huir de su casa y dejar en medio de gran tristeza a sus seres queridos, hasta abortar y realizar un asesinato del bebé que llevan en su vientre. Incluso algunas han contemplado el suicidio en medio de la gran depresión que las acosa.

David también fue víctima de la desesperación. Mientras más pensaba en lo que debía hacer para ocultar su pecado más planes siniestros se le ocurrieron. Tratar de ocultar la verdad con mentiras conduce a la persona a la excavación de su propio pozo de desesperación. La mente brillante del gran compositor de salmos estaba ocupada urdiendo planes siniestros. La mente talentosa, creadora de canciones, que en algún momento creó música para calmar el espíritu angustiado del rey Saúl, fraguaba planes perversos. David planificó diferentes estrategias para lograr que Urías se encontrara con su esposa lo antes posible. Decidieron que Betsabé tuviera relaciones sexuales con su esposo para hacerle creer que el que venía en camino era el hijo legítimo y el producto del amor de la pareja. David trajo a Urías de la guerra pero aunque lo emborracharon para que se acostara con su esposa, él no podía imaginarse disfrutando al tener relaciones con su esposa, mientras sus compañeros estaban en la guerra. No hubo forma de que se uniera a su mujer. Al ver que todas sus estratagemas fracasaron, decidió tratar de tapar su pecado de la única manera en que se puede intentar esconder las acciones pecaminosas. Observe que la situación del rey empeoraba, pues cometía cada vez pecados más graves. El rey de Israel, el gran salmista, actuó erróneamente movido por el temor de ser descubierto.

Mientras tanto el asunto seguía agravándose y llegó al momento en que decidió realizar un plan magistral para asesinar a Urías. Creyó que con la muerte del esposo de su amante podría evitar que lo descubrieran. Lo envió con astucia al frente de batalla, dándole un mensaje para que el propio Urías lo entregara a su general. David hizo que Urías llevara en sus manos las órdenes expresas para que el general Joab lo situara en el lugar preciso donde pudieran alcanzarlo las flechas enemigas. David se imaginó que Urías moriría en la guerra. En su mente enceguecida creía que ese sería el fin de toda la historia. Por lo menos eso era lo que David pensaba.

David, como toda persona dominada por el pecado, se convirtió en un cínico. Esperaba con ansias las noticias del campo de batalla y cuando llegó el mensajero para notificarle que Urías había muerto sintió un gran alivio. Tan cínico se volvió que cuando le comunicaron que ya no había razón para preocuparse, respondió a su capitán que tampoco él se preocupara por la muerte del esposo de Betsabé porque en todas las guerras alguien tenía que morir. Cuando Betsabé supo que su marido había muerto, hizo duelo. Según ellos el pueblo no tenía que darse cuenta de lo ocurrido. Pero pasado el luto, David envió a buscarle, se casó con ella y tuvieron un hijo.

INTERVENCIÓN DIVINA INEVITABLE
FRENTE A PECADOS DETESTABLES

Creo que todos los seres humanos somos iguales. Creemos que podemos esconder nuestras acciones erróneas. Por alguna razón pensamos que Dios no intervendrá para detener nuestra conducta impropia. Salomón dice: «Por cuanto no se ejecuta luego la sentencia sobre la mala obra, el corazón de los hijos de los hombres está en ellos dispuesto para hacer el mal». Vaya que el escritor tuvo experiencia en esto. El diario mismo de su vida, el libro de Eclesiastés, nos muestra que cometió pecado tras pecado aprovechándose de la gracia y misericordia de Dios. Es cierto que Dios no siempre castiga de inmediato cuando pecamos; pero es un serio error suponer que el pecado no importa o que podremos evitar sus consecuencias. El hecho de que Dios sea misericordioso y actúe con amor, no significa que pasará por alto su disciplina. Por supuesto que resulta mucho más fácil continuar pecando cuando no vemos consecuencias inmediatas. Cada vez que no nos descubren, es mucho más fácil repetir la mala acción y mientras no seamos descubiertos, tendemos a perpetuar nuestros pecados y errores.

Para David y Betsabé el asunto parecía estar solucionado; pero notemos la forma en que termina el capítulo 11. Dios no podía pasar por alto las terribles acciones del rey y su amante. Tampoco lo hará con ninguno de nosotros pues Él siempre actúa con justicia y su amor lo motiva a activar su disciplina. La Biblia lo dice enfáticamente en el versículo 27: «Mas esto que David había hecho, fue desagradable ante los ojos de Jehová».

La declaración divina es categórica y fácil de entender. Lo que hizo David rompía los principios divinos, era un acto desagradable ante Dios y por lo tanto era necesario comenzar el proceso disciplinario. Y tal como lo advirtió el profeta Natán, la espada comenzó a llegar al palacio del rey. No pasó mucho tiempo y se hicieron evidentes las secuelas.

JUSTA AUTO-SENTENCIA HUMANA QUE CONFIRMA LA JUSTICIA DIVINA

Ahora, después de entender el contexto del capítulo 11, tenemos más elementos de juicio para comprender lo que ocurre en el capítulo 12. En él se nos presenta el relato de la llegada del profeta Natán, quien fue designado por Dios para comunicar la sentencia. Para crear conciencia de lo grave de su pecado el profeta contó al rey una historia ficticia y muy impresionante. Le dijo que un hombre que tenía grandes posesiones recibió un visitante. A pesar de tener muchas ovejas el hacendado determinó, para atender a su visita, quitarle la única oveja que tenía su vecino y evitar así sacrificar una de las suyas. Le robó la oveja, la sacrificó y se la ofreció al visitante. Dice el relato bíblico que David estaba muy impresionado y molesto con ese acto de injusticia. Antes que Natán terminara de relatar la historia, David, quien estaba acostumbrado a dictar sentencia, emitió su juicio diciendo: «el que tal hizo es digno de muerte». El rey nunca esperó que el profeta le mirara a los ojos y apuntara con su dedo para decirle: «Tú eres aquel hombre».

Después que el propio David declarara su culpabilidad y determinara su sentencia, Natán debía cumplir el difícil trabajo de hacerle conocer las consecuencias de sus acciones. Con dolor le notifica cómo se llevaría a cabo la disciplina divina. Observe lo que dice en los versículos 10 al 14: «Por lo cual ahora no se apartará jamás de tu casa la espada, por cuanto me menospreciaste, y tomaste la mujer de Urías heteo para que fuese tu mujer. Así ha dicho Jehová: He aquí yo haré levantar el mal sobre ti de tu misma casa, y tomaré tus mujeres delante de tus ojos, y las daré a tu prójimo, el cual yacerá con tus mujeres a la vista del sol. Porque tú lo hiciste en secreto; mas yo haré esto delante de todo Israel y a pleno sol. Entonces dijo David a Natán: Pequé contra Jehová. Y Natán dijo a David: También Jehová ha remitido tu pecado; no morirás. Mas por cuanto con este asunto hiciste blasfemar a los enemigos de Jehová, el hijo que te ha nacido ciertamente morirá».

Dios dice a David que con su acto voluntario de romper las leyes divinas lo menospreció, prefirió rechazar su autoridad y rebelarse. No le dio a Dios la importancia que tiene y por ello se hizo merecedor de la disciplina divina. Dios determinó por su misericordia perdonarlo, pero jamás se apartarían las consecuencias de la familia del rey. Una de ellas fue la muerte del niño. Al estudiar el resto de la biografía de David es fácil notar el resultado desastroso de la caída en la tentación en un tiempo de descanso y diversión. Al examinar su biografía usted notará que no en un acontecimiento, sino en varios, aparece la justicia divina. Lamentablemente no sólo él vivió las consecuencias, sino también su familia pasó por valles de sufrimiento y muerte que nunca hubieran tenido que recorrer de no mediar la terrible decisión de David de rebelarse contra los principios y valores establecidos por Dios.

CAPÍTULO QUINTO

DE LA BELLEZA
Y LA VIRGINIDAD
A LA VERGÜENZA
Y LA SOLEDAD

«LA DESOBEDIENCIA A LOS PRINCIPIOS MORALES
QUE DIOS ESTABLECIÓ SABIAMENTE PUEDE
PRODUCIRNOS PLACER EN EL PRESENTE,
PERO SIN DUDAS EXISTIRÁN SEVERAS
CONSECUENCIAS EN EL FUTURO»

David no siguió descendiendo en ese espiral pecaminoso. Finalmente logró detener ese ciclo de maldad, pero aunque se arrepintió, las consecuencias de su pecado fueron devastadoras. Nunca se apartaron de su casa las situaciones dolorosas, tal como el profeta lo predijo. La espada del Señor cada cierto tiempo volvía a herir a alguien de su familia y David vivió siendo testigo de ello y experimentando dolor por sus propios pecados hasta su misma muerte. El siguiente relato del cual quiero desprender importantes enseñanzas para los jóvenes de hoy es precisamente una de aquellas trágicas consecuencias del pecado del rey.

Como es mi costumbre y con el propósito de que se graben en nuestra mente las verdades de esta historia he apartado algunos principios dignos de recordarse y que nos deben mover a la reflexión. Después de analizar esta historia bíblica de muchachos confundidos, en los capítulos siguientes presentaré importantes declaraciones y principios que desearía que quedaran grabados en su mente. Quisiera que siempre recordemos que nadie puede romper los principios de la Palabra de Dios sin sufrir las consecuencias, por lo que es necesario que actuemos con sabiduría y prudencia siempre que debemos decidir entre hacer lo correcto y ser bendecidos o hacer lo incorrecto y sufrir las consecuencias.

PERSONAJES CLAVE DE UNA TERRIBLE HISTORIA

El capítulo 13 es un relato dramático de una historia verdaderamente sorprendente. Cuando usted la lee observa una trama impresionante. Es como si se tratara de una película dramática que incluye pasión, mucha acción y muerte. La historia ocurre en la vida de una familia importante del reino. En la historia se nos presenta al joven Absalón, hijo de David, que es el primero de los personajes que aparecen en este sorprendente relato bíblico. Absalón tenía una hermana y ella es el segundo personaje, su nombre es Tamar. El tercer personaje es otro hijo de David llamado Amnón, el cual es medio hermano de Absalón y medio hermano de Tamar. Recuerde estos nombres pues son los tres personajes principales de esta historia que he titulado: *De la be-*

lleza y la virginidad a la vergüenza y la soledad: Bitácora de un viaje cruel y aventurero».

No quiero que simplemente la vea como una historia de la Biblia, ni que lea mis palabras sólo como un cuento interesante, sino quiero que se disponga a aprender estas lecciones importantes. Pablo, el apóstol de Jesucristo, nos dice que las historias del Antiguo Testamento no se escribieron con el propósito de entretenernos. Él nos exhorta a sacar grandes enseñanzas que debemos aplicar a nuestras vidas. Dios determinó dejarnos su registro con un propósito, la Palabra de Dios pues nos dice las verdades en forma directa y honesta. Dios no esconde las lecciones que son imprescindibles para nuestra vida sólo por proteger el testimonio de uno de nuestros paladines. Él muestra a los grandes héroes de nuestra fe con virtudes y defectos tal como nosotros. Las historias que aparecen en la Biblia nos muestran los pecados y errores de otros hombres que amaron a Dios o se rebelaron contra Él para que al estudiar sus experiencias no cometamos los mismos errores. Ellas nos muestran cómo actúa Dios y cómo debemos actuar nosotros si queremos disfrutar de las bendiciones divinas. Por ello, como maestro de las Escrituras es mi obligación comprender bien los relatos. Debo examinar con pericia, conocimiento y utilizar buenas herramientas de interpretación con el propósito de determinar cuáles son las lecciones para nuestro tiempo y nuestra realidad. Por ello, de este relato bíblico, quisiera desprender una serie de principios aplicables en todo tiempo y que nos pueden dejar claras y necesarias enseñanzas. A través de todo el relato y cada vez que encontremos una enseñanza digna de aprender, estableceremos primero el principio y luego compartiremos los entre telones de la historia. Primeramente, le ayudaré a que observemos las palabras, los diálogos, el contexto y todos los acontecimientos que me sirvieron como base para determinar el precepto.

Le anticipo que esta no es una historia para leer, serán una serie de lecciones para aprender. No son enseñanzas para admirarse, sino disciplinas que deben practicarse. Para usted que anhela tener en su mente principios que le ayuden a escoger vivir como Dios quiere que viva, comparto las siguientes enseñanzas:

1. «Padres que no han sabido controlar sus apasionadas tendencias sexuales, preparan el ambiente preciso para que sus hijos vivan experiencias similares».

No puedo decir que todos los hijos de padres que viven desordenadamente también vivirán similarmente, pero sí puedo afirmar que los padres que practican vicios y pecados preparan el ambiente ideal para que sus hijos tiendan a imitar el comportamiento erróneo. Las lecciones que se quedan grabadas más profundamente en nuestras vidas no son las que se dictan en clases formales y con maestros de gran experiencia, sino las que nos dan nuestros seres queridos cuando observamos y estamos en contacto con sus vivencias. David fue un pobre ejemplo en cuanto al manejo de sus pasiones. Por sus acciones pecaminosas, el palacio de David no era el lugar apropiado para criar hijos con una alta moralidad. Y es que el rey no siempre pudo dominar sus pasiones sexuales desordenadas, batalló constantemente y a veces cayó estrepitosamente. Por supuesto, en un lugar donde existió el adulterio, abundaban las mujeres y había muchos hijos de diferentes madres era obvio que existieran intrigas, celos, contiendas y constantes conflictos. No se puede vivir en paz estable en un hogar que no funciona como tal y en el que el padre se comporta de manera pecaminosa. Estas terribles consecuencias y penosas experiencias ocurrieron debido a que David no pudo controlar sus tendencias sexuales y porque había buscado apasionadamente su satisfacción.

El rey David, pese a las indicaciones expresas de Dios de que su pueblo fuera ejemplo de pureza, tuvo horribles experiencias de impureza. David sabía que a pesar de la promiscuidad en que vivían los paganos, Dios demandaba de sus hijos fidelidad conyugal. Conocía que Dios determinó que la relación conyugal fuera monógama. Dios quiere que un hombre y una mujer estén casados para toda la vida y que no exista ningún judío que tenga dos mujeres. Tristemente David decidió irse en contra de los principios de la Palabra de Dios y practicó la poligamia, una forma de vida totalmente reñida con los principios divinos, no sólo en el presente, sino también en el pasado. Por sus pasiones sexuales, David se convirtió en un polígamo y por este pecado trajo una serie de intrigas y pasiones al seno de su familia. Este tipo de relación no sólo era denigrante para su familia y presentaba graves conflictos en las relaciones entre las esposas, las concubinas, los hermanos y los medios hermanos, sino que también era un pecado serio a los ojos de Dios. Por desobediente, David tuvo que sufrir las consecuencias.

Quisiera que recuerde que Dios no ha cambiado ni cambiará. Él es el mismo ayer, hoy y por todos los siglos. Sus principios son inmutables y su disciplina es inevitable. Dios no actuará de una manera con David y de forma distinta con nosotros solamente porque vivimos en la modernidad y lo que rige el pensamiento de la sociedad son los valores relativos. Así como este pecado trajo terribles consecuencias a la vida de David, de la misma manera afectará seriamente a todos los que deciden ir en contra de los preceptos divinos. Dios actuará con rigurosa disciplina tal como actuó en el pasado, nadie puede escaparse de la disciplina divina. Tristemente, aquellos padres que no pueden controlar estas apasionadas tendencias muestran ejemplos que los hijos paulatinamente aprenderán, y preparan el terreno para que sus hijos sufran por las secuelas que experimentarán. Tarde o temprano alguno de ellos imitará el comportamiento pecaminoso. El caso de la familia de David no fue una excepción. Sus hijos no sólo aprendieron este estilo de vida ferviente por las pasiones sexuales, sino que también sufrieron las consecuencias de la sentencia divina por sus desvíos pecaminosos.

En este relato encontramos a un hijo de David que mantiene las mismas tendencias de su padre. David no fue capaz de contener su tendencia sexual pecaminosa y sin importarle que Urías era uno de sus fieles servidores, cometió adulterio con Betsabé. La esposa de Urías fue elegida para calmar las pasiones del rey a pesar de tener tantas mujeres en su palacio. De la misma forma, su hijo Amnón no dudó en ir contra las leyes de Israel y contra las leyes divinas, por lo que buscó a su propia hermana y la obligó a tener relaciones sexuales prematrimoniales, las cuales están reñidas con la Palabra de Dios.

Es evidente que en el caso de la familia de David algunos hijos fueron buenos aprendices del estilo pecaminoso de su padre. Algunos supieron lidiar con esa tendencia y determinaron no imitar los pecados de su padre, pero otros encontraron motivación para la maldad al observar el estado pecaminoso de su padre. El pecado se transfiere de generación en generación, ya que aquellos padres que tienen conflictos y no pueden controlar sus apasionadas tendencias sexuales, tienen una gran posibilidad de criar hijos con conflictos similares.

Alfredo ha luchado por años con la pornografía y la masturbación. No una, sino varias veces cuando niño descubrió a su padre masturbándose mientras miraba videos pornográficos. Esas imágenes quedaron grabadas en su mente y comenzó a imitarlo en su adolescencia. Creyó que era normal lo que su padre hacía por lo que lo convirtió en su propia práctica. Hoy tiene 42 años, está casado y tiene tres hijos, sin embargo, nunca ha podido dejar la pornografía. A pesar de tener una esposa y la posibilidad de tener relaciones sexuales permitidas por Dios y saludables, continúa su práctica errónea. Fue su esposa la que lo obligó a buscar mi ayuda para poder continuar con el matrimonio. Ella lo ha descubierto varias veces mirando videos pornográficos y masturbándose, aun después de tener relaciones sexuales con ella. Esta situación llevó a su esposa a confrontarlo y a pedirle la separación, pero la situación más dolorosa en medio de esta terrible crisis y lo que motivó que ella buscara ayuda fue que recientemente descubrió a su hijo de 14 años mirando videos pornográficos que había conseguido de su padre. Había descubierto el escondite que su padre usaba.

El segundo precepto que es posible desprender de este relato, es el siguiente:

2. «La belleza y simpatía son virtudes muy atractivas, pero

quién no actúa con temor de Dios y sabiduría puede sufrir consecuencias muy nocivas».

Al trabajar por muchos años con jóvenes me di cuenta que la gran mayoría de las señoritas bien parecidas tienen la tendencia de jugar con las emociones de los muchachos. Ellas saben que llamaban la atención y aprovechan ese encanto para convertirse en rompe corazones. Por su parte, los muchachos bien parecidos e inteligentes tienden a convertirse en «don Juanes» que cambian de chicas constantemente. La belleza y la simpatía pueden utilizarse con mucha sabiduría pero algunos la usan para jugar en el mundo emocional y de las relaciones interpersonales. La belleza no es mala y tampoco debe ser perjudicial la simpatía, sin embargo, existen personas que no saben manejarla. Precisamente esto es lo que vemos en los versículos 1 y 2. En el versículo 1 se describe a Tamar como una mujer hermosa. Esta no es una descripción falsa sólo para adornar la historia. La Biblia no incluyó esta descripción para encajar con los libretos de los productores de películas de Hollywood. Tamar era una señorita muy bonita. Cuando en la Biblia aparece el adjetivo hermosa, no debemos pensar que fue puesto allí para llenar un espacio vacío, ni para embellecer un relato novelesco. Cuando la Biblia dice que Tamar era una mujer hermosa, es porque realmente lo era. Por supuesto que no existe nada de malo en ser hermosa, pero es obvio y se nota en este mismo relato, que una mujer hermosa siempre será uno de los blancos más buscados.

Marisol era el centro de atención en su grupo de jóvenes. No sólo era bella, también era tierna, delicada y respetuosa. Llegó a mi oficina con severos síntomas de depresión. Hacía algunos años que había pasado por dos desengaños amorosos. A sus veintidós años no podía darse el lujo de seguir dañando sus emociones. Mientras investigaba la fuente de su depresión me di cuenta que una de las cosas que más odiaba era el que los muchachos la asediaran. Me relataba que la gran mayoría ni siquiera respetaba el hecho de que ella tuviera una relación formal con algún muchacho. Incluso amigos de su enamorado no perdían la oportunidad de coquetearle. Me comentó que en la adolescencia le encantaba que la miraran y la buscaran. Se sentía la reina de la escuela, admirada por los muchachos y envidiada por sus compañeras. Admitió que jugó el juego de las conquistas, se burló de más de algún muchacho, pero hacía dos años que había llegado al cansancio y a la decepción. Ahora sentía rechazo por los hombres, dolor por las cicatrices que dejaron quienes jugaron con ella y severa culpabilidad por haber causado tal dolor a uno de sus enamorados. Cuando ella decidió terminar su relación amorosa, éste la persiguió, le rogó, la amenazo y una vez intentó suicidarse. Por dos largos años había vivido una etapa de rechazo a toda relación. Se apartó de sus amigas, se alejó de la iglesia, se lleno de temor y no quiso tener ninguna relación amorosa. No fue fácil ayudarla. Fue un proceso largo de asesoramiento, pero que finalmente le ayudó a saber manejar su depresión y evitar el sufrimiento innecesario. Las mujeres y hombres atractivos estarán constantemente bajo presión y deberán aprender a vivir con gran prudencia, fuerza y valentía, pues existe un grave peligro si no saben manejar la hermosura y la simpatía. Creo que es necesario dar una palabra de advertencia para aquellas personas que tienen una linda apariencia. Hay personas que se aprovechan de su hermosura para jugar con los sentimientos de otras personas. No sólo en la escuela secundaria o en la universidad se encuentran los típicos «don Juanes», sino en todo nivel social y en toda organización en que estemos involucrados, incluyendo las iglesias. Debido a que nací en un hogar cristiano y mi padre fue un pastor, he vivido toda mi vida dentro de la iglesia, formé parte de diferentes grupos y también les ministré. He servido en grupos de jóvenes, fui director de campamentos juveniles y conozco muy de cerca la realidad de la iglesia. En todo grupo de jóvenes existen personas que tienen esta tendencia a jugar con sus relaciones con el sexo opuesto. He visto señoritas que aprovechándose de su hermosura juegan con los muchachos, convirtiéndose casi en coleccionistas de enamorados. Tristemente no actúan con sabiduría ni con temor de Dios y por ser muy atractivas se sienten halagadas cuando las buscan tantos muchachos. No sólo causan dolor a quienes con sinceridad buscan una relación más seria, sino que ellas mismas corren peligro de que alguien con una mente enferma o inmensamente apasionado llegue a extremos que no se permiten ni esperan. Querida, eso fue precisamente lo que ocurrió con Tamar.

Insisto en que no existe nada de malo en ser bella y simpática, pero sí existe mucho de malo en las acciones de quienes no actúan con temor de Dios y sabiduría. Tamar se describe como una mujer hermosa y virgen. Precisamente esas fueron las razones por las cuales Amnón se enamoró de tal manera que llegó a provocar un triste incidente, el cual trajo un terrible daño no sólo a la vida de Tamar, sino que provoco un caos en su familia. Nunca utilice su hermosura o simpatía para jugar con los sentimientos de los demás. No sólo va en contra de los principios divinos, sino que también daña las relaciones humanas saludables.

El tercer principio que se desprende de este relato de la Biblia es el siguiente:

3. «Apasionarse ciegamente buscando con astucia llegar a la relación sexual, se considera un pecado y traerá a ambos graves consecuencias que lamentarán».

En el versículo 1 de este pasaje de la Palabra de Dios se describe a Amnón como un joven ciegamente enamorado. La belleza y las virtudes de Tamar causaron un profundo impacto en la vida de este muchacho y se enamoró al extremo. Esta pasión fue aumentando y creciendo con el paso de los días hasta que llegó a niveles tan altos que no pudo dominarla. Alcanzó tal límite que el versículo 2 se describe a Amnón como «angustiado hasta enfermarse». Diríamos en términos populares que este muchacho estaba «enamorado hasta los huesos». Se sentía tan seducido por su medio hermana que esa sensación de vacío que experimenta quien no puede estar con la persona que ha conquistado su pasión crecía más y más. Le gustaba tanto Tamar que llegó al punto de sentirse angustiado.

Amnón sabía que actuaba pecaminosamente, sin embargo, continuó con su actitud pues estaba enceguecido por la pasión. El hijo de David sabía que iba contra toda regla. Este relato dice: «pues por ser ella virgen, le parecía a Amnón que sería difícil hacerle cosa alguna».

Él sabía que era difícil hacerle algo a Tamar. No sólo porque era una muchacha seria que no permitía que cualquiera se le acercara (tal vez sabía poner límites y alejar a quienes podrían causarle daño pues aún se mantenía virgen, lo que fue precisamente una de las características de Tamar que cautivó a Amnón), sino también porque conocía que existía un impedimento de la ley, sabía en lo que se estaba metiendo; pero la pasión llegó a convertirse en algo tan dominante que ciegamente y con astucia preparó su siniestro plan para consumar su pecado. Usted y yo lo sabemos. Nosotros somos testigos de nuestros propios pecados. La pasión enceguece y es un grave peligro. Lo terrible es que todo comienza con una inocente mirada y un «cosquilleo» en el corazón. Unos pocos cruces de miradas, un acercamiento, un paseo, un toque de las manos y vamos cayendo lentamente en el apasionamiento. Es sutil al comienzo, pero se torna muy peligroso si permitimos que nuestra naturaleza pecaminosa nos domine. Por cierto, todos tenemos problemas con esto. Todos podemos caer víctima de nuestras pasiones si planificamos el contacto indebido con nuestra pareja en la etapa previa al matrimonio. Corremos peligro de llegar a las relaciones sexuales prematrimoniales cuando permitimos caricias sexuales que excitan y son alimento de las pasiones. Mientras más apasionado son los besos, más grande es el deseo de tener lo prohibido. Mientras más nos sumergimos en las caricias y permitimos que nos domine nuestra pasión, más peligrosamente caemos en la excitación. De allí a las relaciones prohibidas sólo hay un pequeño descuido.

El deseo de alcanzar lo ilícito no es una cuestión nueva. Ha sido un problema de la raza humana desde el primer hombre. Nos apasiona, nos atrae lo que se nos prohíbe. El jardín del vecino siempre se ve más atractivo que el propio. Basta que se nos prohíba algo para que despierte en nosotros un anhelo de conquista. Basta que aparezca en el parque un letrero que diga «No tocar, banca recién pintada. Pintura fresca» para que tengamos la intención de tocar y saber si es verdad. En un hotel que estaba ubicado en una entrada de mar, existían letreros que prohibían la pesca en cada uno de los balcones. El huésped podía salir a su balcón, extender su caña y lanzar su lienza. Sin embargo, existía un serio problema. Debido a que al anzuelo debían colocarle un peso para que llegara hasta el mar, si ocurría un mal lanzamiento del pescador entonces la pesa en vez de llegar al mar se estrellaba contra los vidrios de los cuartos de los pisos inferiores. Por mucho tiempo los dueños del hotel no supieron que hacer, hasta que a alguien se le ocurrió que la solución era quitar de todos los cuartos los anuncios que decían «Prohibido pescar». Fue una idea brillante pues de esa forma no se anunciaba la posibilidad de hacerlo sólo por la existencia de un letrero que lo prohibía. Así lo hicieron y se acabaron los problemas.

Debido a que las relaciones sexuales son apasionantes y están prohibidas por Dios antes del matrimonio, somos tentados precisamente a buscarlas. Nuestra naturaleza pecaminosa nos pinta un panorama atractivo y nuestros actos seductores y excitantes preparan el terreno para anhelar apasionadamente lo prohibido. Y es que cuando nos metemos en caricias apasionadas, la persona se encuentra bajo el control de sus emociones y puede pasar por encima de su razón. Cuando esto ocurre existe la posibilidad de romper cualquier ley de los hombres y de Dios. Satanás no nos trata de inducir al pecado diciéndonos que lo que Dios manda es erróneo y malo para nuestra vida. Él simplemente hace de la carnada algo tan tentador y atractivo que por un momento nos enceguecemos y nos olvidamos de Dios. No lo odiamos, sino que nos olvidamos de Él. Amnón estaba tan enamorado que llegó a la angustia, la pasión lo dominó, se sentía enfermo, se sentía destruido. La pasión lo consumía a tal punto que comenzaba a alterar el desarrollo de su vida normal. Incluso afectaba su apetito. El relato nos dice que estaba enflaqueciendo. Cada vez que debía comer, se negaba a hacerlo. Ya no tenía tiempo ni interés de hacer lo correcto con su propia persona. Ya nada le interesaba sino cumplir su deseo de estar con ella. Su pasión produjo un severo descontrol en su vida. Lo que era normal pasó a ser despreciado y lo anormal lo buscaba con toda su pasión. Si su madre le preguntaba: «Qué te pasa hijo?», él posiblemente respondía: «Mamá estoy enamorado, lo único que quiero es verla». Amnón comenzó a vivir un mundo dominado por la pasión. Lo único que anhelaba era tener relaciones con su hermana Tamar. Tramó un acto pecaminoso pues lo manejaba la emoción por sobre la razón y eso siempre trae malas consecuencias. El pecado siempre trae lamentables secuelas, no sólo a uno sino a ambos. En el caso de una violación como la que ocurrió en este relato, las consecuencias no sólo afectaron a la parte culpable sino también a la otra parte. La inocente hermana del malvado Amnón tuvo que sufrir un terrible dolor. Amnón conocía las prohibiciones que existían. Sabía que rompía las reglas de la nación y aun así, tal como todos los dominados por la pasión, decidió irse en contra de lo establecido. Levítico 18.11 prohibía este acto pecaminoso con toda claridad y la Palabra de Dios hasta ahora lo prohíbe: «La desnudez de la hija de la mujer de tu padre, engendrada de tu padre, tu hermana es; su desnudez no descubrirás».

Deuteronomio 27.22 lo confirma diciendo: «Maldito el que

se acostare con su hermana, hija de su padre, o hija de su madre. Y dirá todo el pueblo: Amén».

El diccionario describe «la pasión» como «un estado de perturbación o afecto desordenado del ánimo». Es un apetito, una afición vehemente a una cosa. Eso es precisamente lo que vivió Amnón. Este muchacho fue manejado por sus pasiones a tal punto que rompió las leyes y por supuesto sufrió lamentables consecuencias.

Amalia creció con su vecino Javier. Ambos asistieron a la misma escuela primaria y jugaban desde pequeñitos. Cuando ella cumplió los 15 años, Javier le rogó que fuera su novia. Habían crecido como amigos y para Amalia no fue una decisión fácil, pero finalmente aceptó. Vivían en el mismo edificio y asistían a la misma iglesia. Sus padres sabían que eran amigos y que acostumbraban pasar mucho tiempo juntos, así que cuando comenzaron su relación amorosa no cambiaron mucho sus horarios, pero sí la intensidad de su relación. Javier descubrió que Amalia era muy fácil de excitar. Bastaban unos pocos besos y ella se encendía en pasión. En forma extraña era él quien tenía temor de continuar abrazándose, besándose y acariciándose pues en varias ocasiones se habían excedido en las caricias. Sin embargo, poco a poco fueron avanzando hasta que un día mientras sus padres estaban en la iglesia iniciaron su juego amoroso. Las condiciones eran ideales para caer atrapados por la tentación de tener relaciones sexuales. Estaban tan excitados que no pudieron resistir. De allí en adelante vivieron la tragedia más grande de sus vidas. Descubrieron las pasiones sexuales sin condiciones y a destiempo. No estaban en posición de mantener una vida sexual saludable como lo hace un matrimonio, ni podían evitar tener relaciones sexuales por lo menos una vez por semana. Se volvieron más y más apasionados. Buscaban cada oportunidad para besarse, acariciarse y ya no podían evitar buscar satisfacer la pasión sexual que experimentaban. Amalia quedó embarazada a los 17 años. Javier nunca se casó con ella. Él y su familia abandonaron la iglesia y no se supo más de ellos. Amalia tiene 45 años, nunca se casó, nunca se graduó de secundaria. Batalla por sostener económicamente a su hijo, quien recientemente comenzó a presionarla para conocer a su padre. Amalia está llena de amargura y resentimiento. Perdonó a Javier, pidió perdón a sus padres por los sufrimientos que les hizo pasar, pero ella nunca se ha perdonado. Después de mi conferencia sobre traumas emocionales en la congregación a la que ha asistido por más de treinta años, me pidió una cita para buscar ayuda. Llegó a mi oficina con un corazón lleno de amargura. Hemos avanzado en el proceso de asesoramiento. Hace meses que ya no pasan por su mente pensamientos suicidas. Estoy tratando su depresión, pero 28 años de amargura y culpabilidad no son fáciles de curar.

El cuarto principio lo desprenderé no solamente del versículo 2, sino también de los versículos 12 y 13:

4. «La virginidad no es una opción, de acuerdo con el mandato de Dios es una obligación».

Durante su segundo viaje misionero Pablo viajó hasta Europa, una región del mundo que no había escuchado acerca del cristianismo. Pablo proclamó el mensaje de la Palabra de Dios en grandes metrópolis como Filipos, Tesalónica, Atenas y Corinto. Su mensaje era de esperanza. Ese mundo del primer siglo no vivía en condiciones morales muy diferentes a las que vivimos en nuestros días. Existía un clima de mucha impureza en la sociedad e incluso había manifestaciones pecaminosas en los hogares de los cristianos. Pablo no permitía que el pensamiento de la sociedad lo influenciara. No le interesaba lo que pensaba la mayoría. A pesar del estilo de vida inmoral, no cambiaba su mensaje sino que proclamaba el mensaje de pureza en la vida cristiana. Los cristianos de aquellos tiempos enfrentaban conflictos, eran diminutas islas de moralidad, rodeados de vastos océanos de relaciones sexuales ilícitas, marejadas de impureza y grandes corrientes de libertinaje. Pero a pesar de ello, Pablo no cambió su mensaje. Escribió lo siguiente a los hermanos de Tesalónica, según 1 Tesalonicenses 4.1-5 relata:

> Por lo demás, hermanos, os rogamos y exhortamos en el Señor Jesús, que de la manera que aprendisteis de nosotros cómo os conviene conduciros y agradar a Dios, así abundéis más y más. Porque ya sabéis qué instrucciones os dimos por el Señor Jesús; pues la voluntad de Dios es vuestra santificación; que os apartéis de fornicación; que cada uno de vosotros sepa tener su propia esposa en santidad y honor; no en pasión de concupiscencia, como los gentiles que no conocen a Dios.

En estas palabras existe un mensaje muy importante. Pablo revela que la voluntad de Dios es nuestra santificación. Vivir vidas santificadas es vivir vidas separadas para el servicio de Dios. Es vivir conforme a los principios establecidos por el Dios santo. Es separar su vida de lo pecaminoso e impuro. Pablo además pide que nos apartemos de fornicación, es decir, de las relaciones sexuales prematrimoniales. El Dios santo que creó el sexo para que se disfrute en la relación de un hombre y una mujer que se unen en matrimonio, no permite que se realice el acto sexual sin tener un compromiso matrimonial.

Cuando hablamos de virginidad, hablamos de pureza moral en nuestro cuerpo, por eso es necesario tocar algunos aspectos prácticos que se relacionan directamente con el cuerpo. Es innegable que existen apetitos en nuestra carne que desean que se les satisfaga. Y no sólo podemos, sino debemos satisfacer la necesidad sexual; sin embargo, no debemos hacerlo fuera, sino dentro del matrimonio. En la Palabra de Dios encontramos una serie de exhortaciones y llamados que manifiestan claramente la intención de Dios. Observe estas exhortaciones:

Romanos 12.1 dice: «Hermanos, os ruego por las misericordias de Dios, que presentéis vuestros cuerpos en sacrificio vivo, santo, agradable a Dios, que es vuestro culto racional». Este es un llamado directo a administrar nuestro cuerpo y sus necesidades con sabiduría. Es un llamado a la mayordomía del cuerpo. El apóstol admite que no es una tarea fácil. El problema del sacrificio de un animal vivo es que no acepta fácilmente ser sacrificado. Por ello nuestra carne se opone con firmeza a la vida de pureza, a nuestra determinación de no satisfacer los deseos pecaminosos. Nuestra carne se opone a los deseos del Espíritu. Es peligroso exponernos a la tentación o jugar con nuestras pasiones.

En Romanos 6.12,13 se nos hace un llamado a que no cedamos a la tentación de usar nuestros cuerpos para el pecado. Pablo dice que no lo utilicemos como instrumento de iniquidad.

En 1 Corintios 6.15 se nos dice que nuestros cuerpos son miembros de Cristo. Estamos unidos a nuestro Salvador y le pertenecemos, por lo que debemos vivir en pureza y santidad.

En 1 Corintios 6.19 se afirma que nuestros cuerpos son templos y que están literalmente habitados por el Espíritu Santo. El versículo 20 nos dice que Dios espera que le glorifiquemos con nuestros cuerpos.

En 1 Tesalonicenses 4.3 se nos incita a que aprendamos a conocer a nuestros cuerpos en forma adecuada y a tenerlos bajo nuestro control. Nuestros cuerpos pueden lograr con mucha facilidad que nos salgamos del camino. Esto no quiere decir que el cuerpo sea malo en sí, sino que posee un gran apetito que está listo a responder a los estímulos que nos rodean, estímulos que son tentadores pues son inmensamente atractivos y su práctica produce satisfacción temporal.

En 1 Tesalonicenses 4.7-8 se realiza otro llamado a abandonar la inmundicia y a seguir la santificación. Pablo desea que quienes son hijos de Dios rechacen la inmundicia y vivan separados para Dios.

En 1 Tesalonicenses 5.21,22 se nos exhorta que examinemos todo, que escudriñemos, que observemos con mucho cuidado todo lo que ocurre; pero que desechando lo malo retengamos sólo lo bueno. Somos llamados a abstenernos de toda especie de mal, incluyendo las relaciones sexuales prematrimoniales.

En Tito 2.11-14 se dice lo siguiente:

Porque la gracia de Dios se ha manifestado para salvación a todos los hombres, enseñándonos que, renunciando a la impiedad y a los deseos mundanos, vivamos en este siglo sobria, justa y piadosamente, aguardando la esperanza bienaventurada y la manifestación gloriosa de nuestro gran Dios y Salvador Jesucristo, quien se dio a sí mismo por nosotros para redimirnos de toda iniquidad y purificar para sí un pueblo propio, celoso de buenas obras.

Se nos describe como un pueblo distinto, se nos llama como cristianos a tener una conducta diferente. Somos miembros de la familia de Dios por lo que se nos exhorta a renunciar a la impiedad. Debemos dejar de vivir como impíos que se deleitan en hacer el mal. Se nos exhorta a renunciar a los deseos mundanos, a rechazar esos anhelos de pasión desordenada y toda conducta instigada por la filosofía mundanal que nos apartan de la santidad. Creo que éste es uno de los más dramáticos llamados. Pablo utiliza palabras claras para expresar que somos extranjeros en este mundo y que debemos sentirnos extraños en medio de un mundo que busca la satisfacción de sus deseos carnales. Nosotros somos llamados a ser diferentes. Somos llamados a vivir «sobria, justa y piadosamente».

El apóstol Pedro nos dice en 1 Pedro 2.11,12:

Amados, yo os ruego como a extranjeros y peregrinos, que os abstengáis de los deseos carnales que batallan contra el alma, manteniendo buena vuestra manera de vivir entre los gentiles; para que en lo que murmuran de vosotros como de malhechores, glorifiquen a Dios en el día de la visitación, al considerar vuestras buenas obras.

No hay duda de que Dios quiere que nosotros, los que formamos su pueblo, los que somos sus hijos, nos afirmemos en la pureza. Su Espíritu se encuentra listo para asistirnos, para luchar en contra de los deseos de la carne, sin embargo, nosotros somos responsables de las acciones que realizamos con nuestro cuerpo. Cuando un cristiano escoge voluntaria y deliberadamente cometer acciones de impureza, generalmente no es el único que sufre las consecuencias, muchas veces esta decisión trae deshonra a la familia, tristes consecuencias a otras personas inocentes y por supuesto, también trae vergüenza a todo el Cuerpo de Cristo, es decir a la Iglesia del Señor. Pedro dice que si vivimos como lo que somos vamos a poner en alto el nombre de nuestro Dios. Dice que no somos de este mundo y no debemos vivir adoptando su filosofía. Somos ciudadanos del Reino, extranjeros que están de paso en este mundo y que deben vivir bajo los principios del Reino.

Si vivimos con la determinación de abstenernos de esos deseos de nuestra naturaleza pecaminosa que batallan contra nuestra alma, seremos un testimonio viviente de la transformación que Dios realizó en nuestras vidas. Debido a nuestra conducta ejemplar quienes buscan la ocasión para denigrar el evangelio, en su momento oportuno darán gloria a Dios porque nuestras acciones mostraron lo grandioso de su obra. El llamado a la pureza se confirma bien en la Palabra de Dios y al ser la virginidad parte de la pureza sexual, no es una opción para el cristiano; según el mandato de Dios y la filosofía de su Reino esta es una obligación. No permita que los cientos que le presionan cambien sus principios. No tolere que el pensamiento liberal de sus amigos o la gran motivación que existe en la sociedad de vivir respondiendo a nuestras pasiones, le motiven a hacer lo erróneo. No consienta en que su novio o su novia le convenza de que ya tienen un compromiso para casarse y que en nada afecta tener relaciones sexuales. No acepte que le convenzan de que para demostrar su amor debe dar una *probadita* de su cuerpo. Recuerde, el Creador de la vida, nuestro Dios que creó todo con propósito y que conoce lo que es perjudicial para su vida, determinó que las relaciones sexuales deben disfrutarse exclusivamente cuando exista una genuina relación conyugal. Por lo tanto, todo los que desobedezcan sufrirán consecuencias en su vida física, emocional y espiritual.

En este viaje aventurero de Amnón no podía faltar un falso amigo. Observe este instructivo pasaje de la Biblia que nos muestra el desarrollo de esta parte de la trama y de donde podemos desprender un quinto principio:

5. «Amigo no es quien le ayuda a planificar una caída en el pecado, sino quien le ayuda a entender que los principios de Dios tienen que respetarse».

En 2 Samuel 12.3 se introduce en la escena a un amigo de Amnón que se llamaba Jonadab. Este joven era primo de Amnón, pues era hijo de Simea, hermano de David. Jonadab fue el prototipo opuesto de la amistad. El diccionario define la amistad como un afecto personal puro y desinteresado. No había pureza en el corazón de este muchacho. No se puede ver inocencia en la acción errónea del hijo de Simea. No existen motivos puros en su terrible consejo. Todo lo contrario, es un asesoramiento erróneo que entrega un plan desastroso para practicar la inmoralidad y la impureza. Por supuesto que Jonadab de acuerdo a la filosofía del reino de Dios no puede definirse como un amigo. La mejor definición que he encontrado para quien actúa de esta manera es la que nos entrega el diccionario para la palabra «amigote». El amigote se describe «como el compañero habitual de francachelas y diversiones». Los amigotes son fáciles de encontrar. Abundan en una sociedad corrupta. Buscan la ocasión para influir en jóvenes inocentes, simples e imprudentes. Sólo los sabios sabrán evitarlos. Es cierto que los jóvenes y todos necesitamos amigos. Y no solo eso, estoy convencido además de que los amigos no son opcionales. Creo firmemente que los amigos son esenciales. No hay substituto para un amigo que se preocupa, nos escucha, nos ayuda, nos reprocha. Necesitamos amigos verdaderos no amigotes que aconsejan conforme a su torcida mentalidad. Observe el contraste entre la actuación del supuesto amigo de Amnón y Proverbios 27.6, donde se describen las sabias acciones de un verdadero amigo: «Fieles son las heridas del que ama; pero importunos los besos del que aborrece».

No desprecie la oportunidad de buscar buenos amigos. No es fácil hallarlos, pero cuando encuentre uno aprenda a cuidar esa amistad especial. Alguien dijo: «Si al morir tengo cuatro amigos que lleven mi ataúd hasta la tumba, seré uno de los hombres más afortunados». Esta historia trágica no sólo relata una violación, sino además en sus detalles nos entrega otras enseñanzas que deben analizarse. El falso concepto de la amistad entre Amnón y Jonadab nos entrega severas advertencias para que evitemos las amistades erróneas. Con respecto a la relación entre amigos, la primera verdad que podemos aprender en esta historia es la siguiente:

1. Los amigos no son opcionales, sino esenciales.

Necesitamos tener amigos verdaderos, personas que nos amen en todo tiempo. Ellos pueden ser una extraordinaria contribución pues ven la vida desde otro punto de vista, pero a la vez existe tal grado de confianza, que estamos seguros de que su opinión distinta no es un intento de oponerse o atacarnos, sino el consejo objetivo de alguien que nos ama. Los amigos pueden compartir consejos claves y esenciales para tomar decisiones bien equilibradas. Los amigos honestos, sabios y con una alta moralidad pueden ser grandes aportes en nuestro camino hacia la pureza sexual. Estoy convencido de que necesitamos verdaderos amigos. Precisamos de personas objetivas que tengan la valentía de corregirnos cuando observen manifestaciones de nuestra tendencia pecaminosa y actuemos sin juicio. No nos hacen falta pecadores o supuestos amigos que nos desvíen del verdadero camino. Necesitamos amigos maduros y especiales pues no son una opción, son esenciales.

2. No son amigos quienes nos llevan hacia el pecado, sino quienes nos ayudan a evitarlo.

Aunque en cualquier libreto de una película de Hollywood Jonadab se describiría como un amigo, cuando se juzga desde la perspectiva bíblica, Jonadab no puede considerarse un amigo que amaba, sino un amigote que aborrecía a Amnón. Sus consejos eran pecaminosos y Amnón hubiera hecho bien en seguir el hermoso consejo que entrega su hermano Salomón al escribir estos proverbios:

Hijo mío, si los pecadores te quisieren engañar, *no consientas.* Si dijeren: Ven con nosotros; pongamos asechanzas para derramar sangre, acechemos sin motivo al inocente; los tragaremos vivos como el Seol, y enteros, como los que caen en un abismo; hallaremos riquezas de toda clase, Llenaremos nuestras casas de despojos; echa tu suerte entre nosotros; tengamos todos una bolsa, hijo mío, *no andes en camino con ellos. Aparta tu pie de sus veredas,* porque sus pies corren hacia el mal, y van presurosos a derramar sangre» (Proverbios 1.10-16; cursivas añadidas).

El llamado es a no aceptar las indicaciones pecaminosas de estas personas a pesar de toda la astucia con que tratan de convencernos para seguir hacia el mal. Tres claros mandamientos aparecen aquí y serán sabios los que los lleven a la práctica. Muchos intentarán engañarnos y la Biblia no los considera amigos, sino pecadores. Si estos falsos amigos nos presentan planes y nos ofrecen ganancias, se nos llama a no consentir, a no andar en camino con ellos y a apartar nuestros pies de sus veredas.

Otro sabio consejo lo encontramos en Proverbios 13.20: «El que anda con sabios, sabio será; mas el que se junta con necios será quebrantado».

Pablo en 1 Corintios 15.33 dice: «No erréis; las malas conversaciones corrompen las buenas costumbres».

Ponga atención a otra verdad con respecto a los amigos que podemos desprender de estos versículos:

3. Los amigos son esenciales, pero debemos seleccionarlos adecuadamente pues no son neutrales.

Hay que tener mucho cuidado porque toda persona que se junta con nosotros producirá un impacto en nuestra vida. Los amigos no son neutrales, más bien dejan marcas en nuestra vida.

Su forma de vivir, su filosofía, sus convicciones, su carácter, con el tiempo van convirtiéndose en parte de nosotros. Por eso debemos recordar que amigo no es quien le ayuda a planificar y a llevar a cabo el pecado, sino quien le ayuda, quien le hace entender que los principios de la Palabra de Dios deben respetarse.

Debemos seleccionar con sabiduría a nuestros amigos y observar su conducta. En el versículo 3 se describe a Jonadab como «un hombre muy astuto». Precisamente de esas personas debemos tener cuidado. Es necesario que analicemos si la persona evidencia una verdadera amistad, y la mejor forma de hacerlo es examinar si sus acciones, sus consejos, sus palabras, sus actitudes, sus insinuaciones, nos acercan o nos alejan de los principios de la Palabra de Dios. Cuando sus malas conversaciones corrompen nuestras costumbres no existen dudas de que no tenemos un amigo, sino un amigote que entiende la verdadera amistad.

El versículo 4 nos demuestra la astucia de este hombre. No inicia su influencia simplemente sugiriendo una estrategia astuta. Más bien comienza con un halago al decirle: «Hijo del rey». Tratando de entrar en el corazón de Amnón lo adula queriendo decir: «muchacho importante, amigo mío». Luego prosigue con una pregunta de evaluación que se transforma en un mecanismo de presión. Le pregunta: «¿Por qué de día en día vas enfla-

Cartas al joven tentado

queciendo así?» Quería decirle: «Amnón noto que estás desmejorado y no dudo que algo te ocurre. Amigo, querido hijo del rey, observo que no tienes buen semblante, se nota que algo está sucediendo contigo». La meta que tenía el astuto amigote era descubrir lo que estaba en la mente de Amnón por ello usa la astucia para apelar a los sentimientos. Con palabras convincentes trata de persuadirlo y presiona diciendo: «Yo soy tu amigo y tienes que contármelo, no puedes ocultármelo». Después de toda esta presión psicológica Amnón se sintió obligado a responder. La astuta estrategia del amigote rendía sus primeros frutos y Amnón decidió revelar su verdad. Le dice: «Yo amo a Tamar la hermana de Absalón mi hermano».

Sin poder resistir la presión y astucia de su supuesto amigo, Amnón decidió descubrir su secreto. Le hizo conocer lo que realmente sentía. Se había cumplido la estrategia de Jonadab y ahora lo tenía a su merced. Utilizando su inteligencia para el mal, con seguridad y lujo de detalles comienza a darle todo el astuto plan que le llevaría a las más terribles consecuencias.

Precisamente en la última parte del versículo 4 encontramos el momento en que Amnón responde: «Yo amo a Tamar la hermana de Absalón mi hermano». Esa declaración es un buen fundamento para el sexto principio que es el siguiente:

6. «El verdadero amor no permite al hombre soltero dar rienda suelta a su anhelo de sexo y pasión, a eso bíblicamente se le llama pecado de fornicación».

Cuando admite: «Yo amo a Tamar la hermana de Absalón mi

hermano», se coloca en abierta rebelión contra las leyes divinas y él lo sabía. Amnón, de acuerdo con 1 Corintios 13 no amaba verdaderamente. Ese sentimiento errado del medio hermano de Tamar no encaja en este pasaje bíblico que describe las características del amor. Pablo dice que el amor nunca hace nada indebido, que el amor nunca busca lo suyo propio ni se goza de la injusticia. El sentimiento genuino de este muchacho enamorado lo dominó de tal manera que le llevó a irse en contra de los valores divinos. Cuando Amnón dice: «Yo amo a Tamar», está totalmente confundido, sus sentimientos son pecaminosos y demuestran que no conoce lo que es el amor.

Me gustan las palabras del señor Walter Trobisch en su libro *Las obras completas de Walter Trobisch*, página 33. Él recibe la carta de un joven africano que tuvo relaciones sexuales con una chica antes de casarse. Este muchacho le dice en su carta:

El viernes pasado amé a una chica o como usted diría, cometí adulterio; por lo menos así es como los blancos llaman a esto en la iglesia. Sin embargo, la chica no estaba casada, ni tampoco se ofreció o se compró en matrimonio, nadie pagó por ella. Consecuentemente ella no pertenecía a nadie y no puedo comprender por qué dicen que he cometido un error. Yo tampoco soy casado y no tengo intención de casarme con esta chica. Ni siquiera conozco su nombre. Por lo tanto, de la manera como yo lo veo, aquel mandamiento que dice: «No cometerás adulterio» no se aplica en mi caso. No comprendo por qué la iglesia tiene que impedirme participar de la Santa Cena y por qué me ponen bajo disciplina por seis meses. Señor, usted me bautizó y me enseñó en la escuela. Me ha aconsejado a menudo y sabe cómo yo me convertí en un cristiano. Me conoce mejor que mis padres. Estoy terriblemente amargado por haberlo decepcionado; pero al mismo tiempo le digo francamente, no me siento muy culpable, estoy avergonzado por todo lo que se está comentando debido a esta situación; pero creo que yo todavía soy un cristiano.

La carta está firmada por un muchacho que decide llamarse: «El infeliz Francois».

Me encanta la respuesta del señor Trobisch. Sus palabras son directas y penetrantes:

Una frase de tu carta me impactó en forma especial. Tu escribiste: «Amé a una muchacha». No mi amigo, tú no amaste a aquella muchacha, te acostaste con ella y estas son dos cosas muy diferentes. Tuviste un episodio sexual; pero lo que es verdaderamente el amor, no lo experimentaste.

En tus condiciones es verdad que puedes decir a una chica: «Yo te amo»; pero lo que realmente estás diciendo es algo así: «Yo te deseo. No te deseo realmente a ti en forma integral, sino mas bien algo de ti. No tengo tiempo para seguir esperando y lo que deseo, lo quiero inmediatamente, sin demora. No me interesa lo que va a suceder después. Sea que permanezcamos juntos, que tú quedes embarazada, eso no tiene mayor importancia para mí. Lo que cuenta es el ahora. Quiero usarte para satisfacer mis deseos y tú eres para mí el medio por el cual puedo lograr mi objetivo y satisfacerme. Yo quiero tenerlo, y quiero tenerlo inmediatamente».

Lo que el infeliz Francois buscó fue lo opuesto al amor. El

amor busca dar lo mejor, no obtener lo mejor aunque sea de forma errónea. El amor procura hacer a la otra persona feliz dentro de los límites establecidos por Dios. El amor no busca la satisfacción propia. Con gran apoyo bíblico el señor Trobisch le contesta:

> Tú actuaste como un puro egoísta, en vez de decirme: «Yo amé a una chica», deberías decirme: «Yo me amé a mí mismo y solamente a mí mismo, y para cumplir ese propósito yo abusé de una chica».

Cuando un joven que ama a Dios dice a alguien del sexo opuesto «yo te amo» debe entender lo que Dios desea del amor. Si alguien dice «yo te amo» debería significar «tú y solamente tú vas a reinar en mi corazón». «Eres aquel o aquella por quien he esperado. Eres la persona a quien deseo amar. Quiero dar lo mejor de mí sin anular mi vida. Quiero amarte como me amo a mí mismo y como Dios me dice que ame. Debido a que estoy seguro de esta relación sincera, por ti y por mí renunciaré a toda otra relación que pueda poner en peligro nuestro amor. Quiero vivir para Dios, amarme como Dios me ama y amarte a ti como a mí mismo. Quiero que desarrollemos nuestra amistad limpiamente y deseo esperarte. No importa cuánto tiempo tenga que hacerlo pero seré paciente contigo, nunca te forzaré a tomar una decisión que ponga en peligro tu integridad moral. No quiero ni siquiera con mis palabras presionarte o sutilmente convencerte para que rompas tus principios. Quiero protegerte, cuidarte de toda maldad, quiero compartir contigo mis pensamientos, mi corazón, mi cuerpo y todo lo que poseo, pero espero pacientemente hacerlo en el tiempo oportuno, no cuando mis pasiones lo deseen sino cuando mis convicciones basadas en las Escrituras me aseguren que agrada a Dios. Quiero escuchar lo que tienes que decirme, no hay nada que quisiera quitarte sin tu consentimiento. Quiero permanecer contigo, quiero estar siempre a tu lado».

Estoy seguro de que usted estará de acuerdo conmigo en que generalmente estos no son los pensamientos que pasan por la mente de un joven apasionado que no toma en serio a Dios. Estas declaraciones impregnadas de amor genuino no describen ese amor que persigue el sexo a cualquier costo. Quien busca tener relaciones prematrimoniales puede repetir estas palabras como un loro diestro pero no estarán motivadas por la sinceridad. Y es que quien ama con el amor que nos ha enseñado la sociedad no persigue estos grandes ideales. Quien aprendió el amor romántico y no entendió el amor ágape, el amor que procede de Dios y que ha sido derramado en nuestros corazones para que podamos amar como Él ama, no puede someterse a tan elevados principios de moralidad. Quien entiende el amor como una sensación de pasión vana mezclada con el anhelo incesante de estar con la persona que dice amar y cree que el amor es responder a sus impulsos naturales sin la restricción de una alta moralidad por el simple hecho de satisfacer su deseo sexual, no puede amar como Dios quiere que ame y sus acciones, en vez de edificar la vida de la otra persona, más bien la destruirán. Las personas que son dominadas por su amor romántico y no desean enmarcarlo en los requisitos del amor ágape realmente no pueden amar como Dios quiere que amemos. Las personas que actúan así no están interesadas en el pasado ni tampoco en el futuro de la otra persona, ni siquiera se preocupan de lo que pueda suceder con los sentimientos de quien dicen amar. El verdadero amor involucra responsabilidades y solamente dentro del vínculo matrimonial esta responsabilidad se convierte en un verdadero compromiso. Los matrimonios funcionan y permanecen cuando existe compromiso mutuo, cuando ambos están dispuestos a dar lo mejor de sí por el bien de la persona amada. Es por esto que el matrimonio es el lugar adecuado para usar ese poder sexual que Dios nos regaló para disfrutarlo, es allí donde debe expresarse porque es allí donde se espera que exista un verdadero compromiso de amar a una persona. Por eso digo que el amar sincera y apasionadamente no autoriza a los solteros a satisfacer sus necesidades genuinas antes de adquirir un compromiso matrimonial. Ninguna persona que no entre a la vida matrimonial, que no haga un compromiso de amarse hasta la muerte y que no renuncie a toda otra relación sentimental debe buscar la satisfacción sexual porque eso bíblicamente es llamado pecado de fornicación.

La continuación de este relato nos introduce en otro aspecto importante de las relaciones familiares. Aparece en la historia el padre de los personajes principales. De la conversación que sostienen Jonadab y Amnón podemos desprender el séptimo principio:

7. «Los hijos conocen a sus padres más de lo que éstos se pueden imaginar, modelar una vida recta es lo único que enseñará a nuestros hijos a no pecar».

Usted puede notar en los versículos 5 al 7 que el sobrino y el hijo de David sostienen una interesante conversación. Jonadab y Amnón conocían lo suficiente a David como para pensar que su plan no sería obstaculizado. Sabían que la treta que preparaban no sería algo difícil de aceptar por David. El versículo 7 confirma que el plan seguía su curso conforme a lo que tramaron: «Y David envió a Tamar a su casa diciendo: Vé ahora a casa de Amnón tu hermano, y hazle de comer».

En el versículo 13 podemos observar que también Tamar conocía a su padre. Ella estaba tratando de evitar que su hermano abusara de ella y buscaba una forma de disuadirlo: «Te ruego pues, ahora, que hables al rey, que él no me negará a ti».

Es difícil creer que ella pensara que David permitiría una relación ilícita. No creo que David autorizaría un acto de fornicación. Es posible que ella estuviera pensando en la posibilidad de que Amnón la pidiera como esposa. Entre sus antepasados estaba Abraham, quien se casó con su medio hermana y posiblemente Tamar pensaba que existía esa posibilidad. Tamar conocía a su padre y hablaba con confianza cuando presentó esa posibilidad a su medio hermano.

Realmente nuestros hijos nos conocen más de lo que nosotros nos imaginamos, debemos darnos cuenta de esta realidad. Los hijos también conocen incluso nuestras áreas de debilidad por lo que debemos tener mucho cuidado y hacer todos los esfuerzos para modelar una vida recta. Una de las cosas más importantes en este proceso de enseñar a los hijos a no pecar es el buen comportamiento de los padres. Los jóvenes deben aprender esto antes de llegar al matrimonio. Deben comprender que la vida familiar exigirá nuevas responsabilidades. La llegada de los hijos nos obliga a ser modelos dignos de imitación. Los padres no podemos medir la gran influencia que tenemos en la educación y formación de nuestros hijos. Ellos verdaderamente quedan marcados por nuestras palabras, actitudes y comportamientos.

No podemos evitar que nuestros hijos pequen. No podemos evitar que en su juventud tomen decisiones erróneas, pues ellos también tienen una naturaleza pecaminosa que los motiva no sólo a pecar y romper los principios de la Palabra de Dios, sino incluso a ir en contra de las enseñanzas de sus propios padres. Aunque los padres tenemos una gran responsabilidad, no es menos cierto que también los hijos jóvenes deben aprender a vivir en pureza. Excusarse por haber estado expuestos al trato inapropiado o a los ejemplos desastrosos de padres no piadosos no nos excluye de responsabilidad. Aunque los padres, como David, hayan sido el peor ejemplo y la más grande motivación para cometer los mismos o peores errores, delante de Dios cada persona es responsable de sus determinaciones pecaminosas. No existe justificación para las acciones indebidas. Si su padre fue alcohólico, el joven tiene que esforzarse por no caer en el alcoholismo aunque lamentablemente tenga la predisposición orgánica. Todos tenemos la predisposición a pecar pero eso no justifica que nos involucremos en el pecado. Todos somos responsables de examinar nuestras tendencias, conocer nuestras inclinaciones, admitir nuestras faltas y ejercer el dominio propio para controlar la intención de pecado. Cuando no tenemos el conocimiento ni la capacidad de corregir nuestros errores, aún somos responsables de buscar la ayuda necesaria.

Los hijos de David lo conocían. El palacio del rey no era un lugar muy puro, pues él dio un terrible ejemplo. No fue fiel a una esposa ni tuvo hijos sólo con una mujer. En su palacio existían celos, intrigas y pasiones. Sus hijos fueron testigos y algunos hasta imitaron su terrible comportamiento debido a que la mala actuación paternal es una terrible motivación para un comportamiento inmoral. Pero sin importar lo gravemente que hayan pecado los padres y a pesar del terrible ejemplo que ofrecieran, es obligación de todo joven aprender a ser prudente y fuerte y luchar seriamente para evitar caer en los mismos pecados.

La violación de Tamar no ocurrió en un lugar abandonado, sino en el lugar donde más ocurren. Muchas violaciones ocurren en la misma casa y son perpetradas por padrastros, hermanastros o novios. He escuchado muchos testimonios que confirman que el hogar no está libre de estas terribles experiencias.

Ernesto relató su historia después de seis meses de asesoramiento. Por años no pudo tener una relación saludable con su hermano mayor. Sus padres siempre quisieron intervenir en los conflictos que Ernesto y sus hermanos tenían. Fue precisamente la madre quien me buscó para que ayudara a su hijo. Después de una gran pelea y por presión de la madre Ernesto decidió obedecer y buscar ayuda. Pasaban los meses y no veía ninguna mejoría. Cada vez que llegaba el momento de relatar una discusión con su hermano, prefería evitar todo detalle, como si quisiera que todo quedara en una pelea sin necesidad de investigar las razones. Un día rompió en llanto y dijo lo que había guardado por tantos años: «Odio a mi hermano. No quiero estar cerca de él. Tengo dieciocho años y por lo menos diez años de mi vida han sido un martirio producto de la relación con él». Allí comenzaba la sanidad de un corazón herido. Ernesto fue el conejillo de indias de su hermano mayor. Era una familia pobre. Seis varones eran parte de esa familia. Vivían en una casa con dos dormitorios. En uno dormían sus padres, en el otro, en una litera y una cama dormían los seis hermanos. El que durmieran dos hermanos en cada cama permitía aprovechar bien el poco espacio para tantas personas. Eso obligaba a Ernesto a dormir con su hermano, quien era seis años mayor que él. Cuando tenía ocho años y su hermano catorce ocurrió lo que recordaba con una mezcla de dolor y odio. En su proceso de desarrollo su hermano comenzó a experimentar cambios. Como dormía con Ernesto experimentó sexualmente con su hermano. Ernesto me contó que al principio sólo sentía que su hermano acostumbraba a dormir muy pegado a él y que cruzaba la pierna sobre su pierna. Luego comenzó a notar que lo apretaba contra su miembro. No siempre se daba cuenta de lo que ocurría pues lo hacía cuando estaba dormido. Cuando comenzó a despertarse por el acercamiento constante de su hermano, sólo se daba vuelta y luego pasaba horas despierto sin decir nada. Tenía terror decirle a los padres y no quería que su hermano supiera que ya se había dado cuenta de lo que hacía con él. Decidió protegerse cada noche y nunca pasó más allá del terrible manoseo y el juego del pene contra sus piernas. Pero cada noche era un martirio, hasta que decidió no acostarse más con su hermano. Los padres se enojaron y él sólo se limitó a decir que su hermano dormía muy mal y no lo dejaba dormir. Finalmente, después de muchas luchas, los padres decidieron que se acostara con un hermano menor.

Los relatos como este son impresionantes. Nunca me imaginé que fuera tan común que los hermanos en proceso de desarrollo experimentaran algún tipo de contacto sexual con sus hermanos. En muchas ocasiones sólo existe un simple acercamiento entre los cuerpos. En familias pobres en las que por razones de espacio varios hijos duermen en el mismo cuarto y dos en la misma cama se da el ambiente propicio para la experimentación. Renato me relató que al dormir con su hermano menor, a veces sin planificarlo se juntaban sus cuerpos, lo que notó en cierta ocasión que le produjo una erección. Esa sensación le llevó a acercarse con esa intención y luego a presionar su pene contra las piernas de su hermano. Las violaciones violentas y realizadas por criminales pueden ocurrir en cualquier parte, pero las violaciones y abusos más sutiles y comunes ocurren generalmente en los hogares, por personas conocidas como padrastros u otros miembros de la familia.

Esta realidad y el relato escritural me mueve a determinar el principio número 8, que dice lo siguiente:

8. «Aun en las actividades rutinarias, o en los lugares que parecen más seguros, cuídese y actúe con prudencia, pues puede estar acompañado de alguien con motivos impuros».

Esta es una palabra de consejo para aquellos que están en la etapa de enamoramiento o noviazgo. Más adelante compartiré algunas advertencias acerca de los lugares que la pareja frecuenta, pues hay algunos que presentan un mejor ambiente para acciones destructivas. Mi énfasis en este momento es advertirle que actúe con prudencia. Usted nunca sabe con qué persona se encuentra, ni si esa persona tiene motivos puros o impuros. Es precisamente la sabia actitud de evaluación durante el enamoramiento y el noviazgo lo que nos ayuda a discernir las acciones y reacciones de la otra persona.

Cuando los novios pasan juntos un tiempo valioso, cumplen el propósito de esa etapa, pero cuando sólo viven para divertirse sin siquiera investigarse mutuamente, preparan el ambiente para una relación inmadura que puede convertirse en destructiva, o por lo menos eligen una relación que demorará mucho en madurar o que tal vez nunca madure. Cuando simplemente se dedican a la diversión, no aprovechan bien el tiempo ideal para conocer las actitudes de la persona con quien están eligiendo casarse. Recuerde que usted puede encontrarse en los lugares más seguros, pero siempre debe actuar con prudencia porque tal vez esté acompañado de una persona que en los momentos de pasión va a dar rienda suelta a sus motivos impuros. Eso es lo que ocurrió con Amnón. Tamar estaba en el lugar más adecuado, en la casa de su medio hermano, hacía lo correcto, era un lugar seguro, pero aparentemente estaban solos y no se dio cuenta de que este muchacho tenía motivos impuros. Los padres no debemos imitar el ejemplo de David, quien permitió que su hijo y su hija estuvieran solos en aquel lugar, solamente con la servidumbre. Sobre todo las mujeres deben tener mucho cuidado, porque estas experiencias pueden ser muy destructivas para su vida y nunca saben si están junto a quien no puede dominar sus pasiones.

Según los versículos 7 y 8, el lugar no parece peligroso, las circunstancias parecen muy racionales; pero no debemos olvidarnos de que el versículo 1 dice que este muchacho estaba enamorado y que lo dominaba una pasión fuerte, ni de que el versículo 2 añade que estaba angustiado hasta enfermarse.

Amnón era un muchacho que estaba dominado por su pasión y sus motivos impuros, que buscó un lugar donde satisfacerse, y que cuando se acercó a la mujer de sus sueños no pudo contenerse y rompió todas las reglas y valores que se le enseñaron.

El principio número nueve aparece en algunos versículos que describen algunas actitudes muy sospechosas que deben motivar a las señoritas a estar alertas y ser precavidas:

9. «Si usted nota actitudes y acciones sospechosas, pueden ser el inicio de una actuación pecaminosa».

El versículo 9 describe una actitud sospechosa. En primer lugar Amnón no quiso comer a pesar de que precisamente había llamado a Tamar para que cocinara para él. Es evidente que algo oscuro ocurría. La segunda acción sospechosa la notamos cuando decide echar a todos fuera del lugar. Todos obedecieron su orden pues era el hijo del rey, pero así se acercaba cada vez más a la culminación de su plan. Más adelante, en el versículo 10, notamos otra situación sospechosa. Amnón pide que Tamar le lleve la comida a la alcoba para comer de su mano. Aunque seguramente las acciones de Amnón no fueron suficientes como para motivar a Tamar a actuar con cautela, lo ideal sería que ella hubiera evaluado estas actitudes y acciones sospechosas. El versículo 9 dice que ella tenía en la mano una sartén y siempre que llego a este punto en alguna conferencia digo que Tamar nunca debió de soltarla. Habría sido mejor que tuviera la sartén en la mano para poder defenderse en el momento en que él comenzó a propasarse con ella.

Creo que este es el momento oportuno para compartir algunas palabras de advertencia: las señoritas deben mantenerse alertas. Toda señorita que desee preservar su integridad y que no quiera siquiera poner en riesgo su pureza debe tener mucho cuidado cuando su novio comience a evidenciar actitudes y acciones sospechosas, sobre todo después de recibir una enseñanza como esta. Si nota que su novio comienza a apasionarse, a extralimitarse en sus caricias, a tratar de preparar el ambiente para algo más comprometedor, toda señorita debe tener la capacidad de detectar esos intentos. Si actúa como si no pudiera contener más la pasión e insinúa sus deseos de continuar excitándose, sin duda está avanzando en su acercamiento pues siente la necesidad de satisfacer sus deseos de tener relaciones sexuales aunque ella no sienta, ni piense, ni desee lo mismo. Debo advertirle que encontrarse en lugares solitarios, escuchar música romántica y permitir caricias y besos son algunas de las condiciones ideales para que llegue el momento en que la persona más apasionada sexualmente tendrá serias dificultades para contener sus impulsos. Mi consejo es que nunca permita que debido a las caricias y besos lleguen a tal nivel de excitación.

Si después de un tiempo de noviazgo comienza a notar esa tendencia es usted la encargada de establecer con honestidad, claridad y firmeza los límites bíblicos necesarios, advirtiendo con sinceridad que no permitirá ese comportamiento. Es allí cuando necesita la sartén en la mano. Necesita la sartén de la disciplina, la sartén del enojo justo para reprimir los intentos de que le hagan algo que le afectará seriamente. Ninguna mujer soltera debe prestar su cuerpo para que su novio se excite porque son actuaciones pecaminosas que no ayudan, sino más bien perjudican la relación saludable.

Es posible que a estas alturas de su lectura piense que la relación de noviazgo saludable demanda mucha responsabilidad y renuncia y que no vale la pena complicarla tanto. La verdad es que sí demanda un compromiso total con el bienestar físico, emocional y espiritual de la persona amada, así como también un pacto con Dios y consigo mismo para proteger su propia salud espiritual, emocional y física. En todos los casos que he tratado, las chicas que llegaron al embarazo fueron cometiendo pequeños errores que preparaban el terreno para el episodio final. Ninguna de ellas inició su relación pensando que llegaría a esas instancias. Ninguna pensó que quedaría embarazada. Ellas llegaron a vivir experiencias muy angustiosas porque paso a paso permitieron acciones erróneas. Algunos de los jóvenes tampoco lo pensaron, pero eran jóvenes que poco a poco fueron descubriendo sus fuertes inclinaciones sexuales y no les impidieron sus avances. Otros acostumbraban a jugar con las chicas, no estaban dispuestos a esperar o eran promiscuos sexuales. Algunos de los que dejaron muchachas embarazadas no tuvieron control de sus pasiones, las chicas no establecieron límites saludables desde el principio de la relación, poco a poco fueron permitiendo una mayor involucración física y no tuvieron suficiente prudencia para evitar lugares y situaciones que propiciaran un acercamiento inadecuado.

El décimo principio que descubro en esta historia es:

10. «Evite lugares oscuros y solitarios, asimismo tenga cuidado de las palabras, de las caricias y del horario».

El versículo 9 nos relata que Amnón echó a todos fuera, en el versículo 10 le dice a Tamar que vaya a la alcoba, el versículo 11 refiere que la tomó. Los casados viven solos en su casa y deben tener momentos para disfrutar de lugares preparados sólo para ellos. Las citas románticas de los casados y el estar separados de todo lo que interrumpe su intimidad es un gran incentivo para la cercanía de ellos. Pero cuando los novios están solos y no tienen dominio propio, al iniciarse las caricias se meten en un mundo peligroso y por lo general no se pueden detener.

Estoy convencido de que las parejas deben tener mucho cuidado sobre todo en lugares oscuros y solitarios. Aunque las actitudes y acciones sospechosas ocurren con más claridad precisamente en estos lugares, las señoritas deben ser permanentes investigadoras del comportamiento de quienes dicen amarle. Quienes anhelan vivir en pureza deben ser cuidadosos también de las palabras que usan en los momentos de expresar su ternura. Observe con mucho cuidado sobre todo las palabras que se dicen para provocar estímulos y las caricias que se realizan para provocar excitación. Cuando me refiero a tener cuidado con el horario quiero decir que deben limitar la cantidad de tiempo que pasan solos y evitar especialmente los horarios nocturnos. Deben recordar que tenemos inclinaciones perfectamente razonables y totalmente naturales que son estimuladas por el ambiente y por las palabras propicias, pero también que la satisfacción de esas necesidades debe realizarse dentro del matrimonio. Cualquier pareja, aunque ame a Dios con todo su corazón, debe recordar que tenemos una naturaleza pecaminosa que se alimenta con la estimulación y busca satisfacción. Quienes con el buen deseo de pasar tiempo juntos y de desarrollar su amistad buscan lugares oscuros y solitarios, corren el serio peligro de ser invadidos por la pasión y dominados por el pecado.

Los sentimientos que experimentan tanto el hombre como la mujer y que demuestran que existe un momento en que la pasión es incontrolable están bien descritos en el principio número 11:

11. «La búsqueda de la satisfacción de las pasiones descontroladas puede llevar a la persona a acciones violentas y tal vez no planificadas».

Por cierto en este pasaje existe una malévola planificación. La pasión llevó a Amnón a planificar acciones pecaminosas; pero en la mayoría de las parejas estas acciones pecaminosas muchas veces no son planificadas, son simplemente el resultado de permitir que existan alguno o todos los estímulos que se describen anteriormente. El peligro aumenta al frecuentar lugares solitarios y oscuros, al compartir caricias que tienden a manejar las emociones, al utilizar palabras que excitan y como consecuencia del exagerado tiempo que pasan juntos. En esas condiciones es muy fácil que la persona llegue a un estado de excitación tan grande, que sus pasiones sean absolutamente incontrolables y que en determinado momento puedan llevar a la persona a tener acciones violentas y destructivas.

Debo advertir que el alcohol es una droga estimulante, que como dice la canción popular, saca a relucir lo que en otras condiciones sabemos guardar. Desinhibe los instintos, suelta las pasiones y ciega al joven a las consecuencias. Los novios que se pasan de copas en una noche no están pensando con sabiduría, actúan con sus emociones más exaltadas que nunca. Generalmente bajo la influencia del alcohol el joven aumenta desmedidamente las caricias y la señorita se hace más tolerante. Las reuniones sociales y las fiestas donde se ingiere alcohol, han sido el escenario de muchas violaciones y embarazos no deseados. Gran cantidad de experiencias de abuso sexual ocurren en lugares donde se consume alcohol. El alcohol, los lugares solitarios, un ambiente romántico, y un joven y una señorita apasionados son los elementos esenciales para las relaciones prematrimoniales.

Note lo que pasa a partir del versículo 11 cuando Tamar fue a la alcoba de Amnón: «asió de ella, y le dijo: Ven, hermana mía, acuéstate conmigo».

El versículo 12 comienza con un acto de violencia. La pasión había enceguecido al medio hermano de Tamar y su reacción era tan brusca que ella tiene que decirle: «No, hermano mío, no me hagas violencia».

Sin embargo, a pesar de la oposición, observe que Amnón está ciego por la pasión, y dice el versículo 14: «Mas él no la quiso oír, sino que pudiendo más que ella, la forzó, y se acostó con ella».

Eso ocurre siempre con una persona que ya no puede dominar su pasión. Cualquier intento de impedirle su satisfacción provocará una reacción de oposición cada vez más agresiva, que puede convertirse en violenta. He observado que muchas muchachas por no perder su relación amorosa ceden a la manipulación. Cuando chicas débiles de carácter e incapaces de medir las consecuencias, cuando señoritas sin discernimiento se juntan a un joven sin dominio propio y con un carácter débil, inmaduro y sin valores morales, están en serio peligro. Generalmente ese joven, sin importar su condición social, su edad, su educación o su relación con la chica es capaz de presionar hasta llegar a las relaciones sexuales, aunque no sea la intención de ella.

He escuchado el testimonio de muchas chicas que me relataron como cedieron a la manipulación de palabras de su enamorado. Con un aire de víctima algunos dicen «no me dejas acariciarte porque no me quieres», «no me amas, por eso no quieres que te bese como deseo». Otros testimonios indican que existe un porcentaje de chicas que han cedido a las amenazas. Amanda tenía diecisiete años y se sentía inferior a las chicas de su edad. Sus amigas la molestaban pues nunca había tenido un enamorado. Cuando cumplió los dieciocho años, logró que el amor de su vida se fijara en ella. Raúl era uno de aquellos muchachos que las chicas buscaban. Nunca pensó que podía fijarse en ella. Había deseado ese momento pero llegó de sorpresa cuando menos lo esperaba, por lo que provocó una conmoción en su vida. A sólo tres semanas de iniciar su relación, Raúl le hizo sentir sensaciones que nunca había experimentado. Amanda con una mezcla de vergüenza, ingenuidad y falta de límites fue permitiendo los avances. A los dos meses de relación ella sentía una mezcla de culpabilidad y temor. Decidió oponerse a que Raúl continuara tocando por encima de su ropa sus partes privadas. La primera vez que lo hizo, Raúl le pidió perdón, le explicó que nunca había sentido algo así con otra chica y que por eso estaba viviendo esa nueva experiencia. Le dijo cuánto la quería, cuán enamorado estaba de ella y que prefería separarse de ella si esa pasión que sentía le afectaba. Amanda inmediatamente sintió temor de perder a quien tanto había esperado. Terminó también pidiendo perdón por haber sido tan severa con él. Pasaron un par de semanas y Raúl volvió a su estrategia. Poco a poco y cada día aumentaba su pasión. Amanda escuchaba declaraciones como «espero que algún día sientas lo que yo siento por ti», «te quiero tanto que me haces estremecer y tengo temor de seguir queriéndote tanto», «tal vez debemos separarnos para evitar que nuestra pasión siga creciendo». Para ella cada declaración amorosa era estimulante y a la vez sentía que podía perderlo. Poco a poco fue cayendo en la trampa, pero nuevamente tuvo valor para decirle que no quería que volviera a ocurrir. Raúl decidió abrazarla, besarla y acariciarla con más fuerza y ella logró separarse de él. La despedida fue traumática. Raúl dijo «no quiero verte nunca más, no me vuelvas a llamar, he comprobado que no me quieres y no estoy dispuesto a desperdiciar mi amor». Allí se inició el terrible sufrimiento de Amanda. No podía dormir en las noches, se sentía sola y triste. Deseaba llamarlo y comenzar de nuevo. Había pasado más de un mes cuando se encontraron frente a frente. Él tomó una actitud de humildad que traspasó el corazón de ella y todo comenzó de nuevo. Amanda abrió la puerta al camino que le condujo al embarazo. Cuando Raúl lo supo le prometió que se casaría con ella, pero una vez más utilizaba su técnica de manipulación. Luego prometió que por lo menos se haría cargo de la manutención del bebé, pues aún no estaba preparado para la vida de casado, pero esta vez también empleaba otra herramienta de manipulación. Amanda tenía veintiocho años cuando hizo esta consulta. Raúl todavía continuaba manipulándola. Durante algún tiempo la ayudaba económicamente y luego pedía favores sexuales a cambio. Cuando Amanda tenía mayores necesidades económicas se sentía forzada a buscar la ayuda de Raúl y la historia del manipulador y la mujer manipulada continuaba año tras año.

Es sorprendente cómo las pasiones pueden dominar a una persona y cómo poco a poco dicha persona puede manipular, llorar, enojarse, separarse o aún actuar con violencia. Quien así actúa no toma en cuenta los sentimientos de la persona que dice amar. La violencia es una acción brutal, de fuerza, que domina la razón; sobre ella quisiera expresar unas palabras de advertencia y seria exhortación. En la investigación para escribir mi libro *Cartas a mi amiga maltratada* realicé una labor exhaustiva. No solo leí libros que me ayudaron a entender la problemática, sino hablé con muchas mujeres sobre su dolorosa situación. La conclusión fue casi siempre la misma. A las mujeres casadas que son maltratadas se les ignoró, manipuló, atemorizó o amenazó en algún momento de su noviazgo. Fueron víctimas de uno o varios tratos indebidos como gritos, insultos, groserías, empujones, bofetadas, patadas, golpes de puño e incluso de intentos de ahorcamiento. Muchas de las víctimas de violencia doméstica admitieron que no comenzaron a ser maltratadas en su relación matrimonial, sino por su marido u otro hombre durante la época de noviazgo. En mi concepto, todas ellas fueron culpables de esas experiencias. Todas tuvieron la posibilidad de impedir el abuso que soportaron; pudieron buscar la ayuda de un familiar, o de un líder de su congregación o aún denunciar su caso a las autoridades, pero ninguna lo hizo. Todas permitieron poco a poco la utilización de herramientas destructivas para la solución de los problemas. Permitieron la violencia por ignorancia, temor o descuido, pero la permitieron. Estoy convencido de que pueden existir enfermos mentales que inician relaciones amorosas y pueden actuar de formas que escapan al control de una mujer, pero también pienso que no actúa sabiamente quien se da cuenta de que existe una relación enferma y continúa con ella. Estoy convencido de que ninguna señorita o joven de comportamiento normal debe permitir la violencia, o que cualquiera persona con una relación normal de noviazgo pueda sufrir abusos, maltratos o golpes constantemente y como parte de su relación, si así no lo quiere.

El principio número doce tiene una importancia radical y quienes sinceramente desean vivir vidas de pureza en la juventud y consecuencias hermosas en su vida de casados, deben comprenderlo. Si está pensando que puede tener placer pecaminoso en el presente sin que afecte su futuro seriamente, guarde en su mente el siguiente principio:

12. «Delante de Dios las relaciones sexuales prematrimoniales son detestables, y las consecuencias muchas veces son imborrables».

Por cierto, las relaciones sexuales prematrimoniales se analizan bien en este pasaje de las Escrituras. Si quiere conocer el pensamiento de Dios con respecto a este tema, permítame describirle cuatro declaraciones que se describen claramente en los versículos 12 y 13.

En primer lugar las palabras de Tamar expresan que:

A.   Las relaciones sexuales prematrimoniales son un
acto de violencia.

Aún cuando las personas se pongan de acuerdo para tener relaciones sexuales antes del matrimonio, la Biblia certifica que es
un acto que quebranta los principios y las leyes divinas. Los testimonios de chicas que relatan que sus novios las obligaron a tener relaciones sexuales demuestran que las señoritas también
participaron en el proceso. Nunca he escuchado el relato de alguien que certifique que su novio la obligó a pesar de que ella no
permitió caricias indebidas o besos apasionados. Nadie me ha
contado que ha pesar de ser honesta y directa, de haber puesto
los límites bien claros, y de declarar y vivir bajo los más altos valores morales, fue obligada a tener relaciones sexuales.

Ana Elena acostumbraba a besarse apasionadamente con su
novio. «Por muchos meses supe controlar la situación. No quería tener relaciones sexuales, pero disfrutaba los encuentros a so-
las con mi novio». Los primeros meses permitía las caricias
porque a él le gustaban, pero luego fue sintiendo sensaciones
que nunca había experimentado. Cada encuentro era apasionado y ya casi no salían a otros lugares, sino que planificaban encontrarse donde pudieran acariciarse. Ella no lo notó al inicio,
pero poco a poco se dio cuenta de que Manuel planificaba los encuentros en su casa, o cuando ella estaba sola, o en el cine pero
no veían casi nunca la película. Cuando pregunté si notaba que
iba perdiendo el control ella me dijo: «Llegó el momento en que
era muy difícil separarnos y se enojaba si yo quería interrumpir-
lo. Tuvimos varias peleas y tuve miedo de perderlo». Finalmente, después de haber construido un volcán de pasión, un día se

dieron todas las condiciones para lograr lo que él tanto anhelaba. Los padres de Ana Elena salieron de la ciudad por un día y ella quedó encargada de la casa. Manuel celebró la ocasión y planificó todo para que fuera un encuentro fenomenal. Ella admitió «después de más de una hora de caricias, besos y gran excitación, Manuel estaba enceguecido. Me opuse a las relaciones sexuales, pero se volvió como loco. Estaba jadeante y desesperado. Me dio mucho miedo, pero no pudo controlarse». Manuel era un apasionado que buscaba sexo y no amar a Ana Elena. Su inmadurez, su falta de carácter, le motivó a continuar su camino al contacto de los genitales aunque ella lloraba. Allí se produjo un acto sexual forzado, que dejó a una señorita desolada, traumada y llena de amargura. Perdió su virginidad, su novio, su paz y su ingenuidad.

En todos los casos de novios que tuvieron relaciones sexuales con coacción, esto fue el resultado de dos fuerzas. Primero, las fuerzas pasionales que se fueron construyendo poco a poco; en algunos casos en períodos cortos, en otros lentamente y después de muchos meses de relaciones amorosas. Beso tras beso, caricia tras caricia se fue aumentando la pasión. La segunda fuerza fue la impetuosidad que se sintió en un momento de excitación permitida. Las personas fueron acumulando pasiones poco a poco y luego permitieron que en un momento existiera una gran excitación. Allí uno de ellos no pudo resistir y por tener tendencia a la violencia atacó con fuerza destructiva. Cuando una persona comienza a preparar a la otra para motivar el acto sexual, llegará el momento en que será muy difícil resistirse. El diccionario describe bien el término violencia como una acción forzada contra el modo natural de proceder, contra la moral. Describe al hombre violento o a la mujer violenta como aquel que obra con ímpetu. Eso es precisamente lo que Tamar solicita que no ocurra, pero eso fue precisamente lo que ocurrió.

B. Las relaciones sexuales prematrimoniales no deben realizarse.

Sobre este acto, Tamar dice textualmente: «no se debe hacer así en Israel». Tengo que agregar algo más: No se debe hacer nunca, en ningún país ni en ningún lugar. Este es un acto contra los principios divinos, no se debe realizar. Es algo indebido, es algo contra la moral, es algo contra los principios de la Palabra de Dios. Ya sea que se realice como producto de las emociones, o como producto de acciones bien planificadas para lograr la excitación de la otra persona, es algo que no se debe hacer así. Es igual si ocurre con una prostituta o con la novia que tiene temor a establecer los límites. Aunque lo realice un «don Juan» o el inocente joven que comenzó a experimentar por primera vez. Sea que se realice al mes de conocerse o un mes antes de casarse, que uno de los dos haya presionado o los dos lo hayan deseado. Según la Palabra de Dios las relaciones sexuales no deben practicarse antes del matrimonio. Por supuesto que estos pensamientos son anticuados y ridículos para quienes no tienen temor de Dios, no les interesa la enseñanza bíblica y no son cristianos, pero este libro no se escribió para diseñar el comportamiento de quienes no tienen como única regla de fe y conducta las Sagradas Escrituras. Este libro está escrito para quienes aman a Dios, para aquellos que les interesa lo que Dios desea, para los que quieren salir de la ignorancia con respecto a este tema y batallan contra su naturaleza pecaminosa.

C. Las relaciones sexuales prematrimoniales son una vileza.

Tamar dice: «No hagas tal vileza». La vileza es una acción baja y perversa, es una actitud indigna, es un acto infame. La vileza es la actuación de una persona despreciable, ruin, que busca su propia satisfacción sin importarle el daño que haga a la otra persona; de alguien que rompe la integridad de la persona que dice amar y abusa de la confianza de quien intenta demostrar su amor. Un acto vil lo realiza quien no tiene intención de pasar por todas las etapas que llevan a la intimidad; quien piensa en sí mismo y no en lo que es correcto y en lo que edificará la vida de la persona que dice amar. Ellos saben que las caricias sexuales no pueden disfrutarse como un fin en sí mismo, conocen perfectamente que son sólo un medio para llegar a satisfacer su pasión sexual lo antes posible y aunque sea fuera del matrimonio. Es vil quien falta o corresponde mal a la confianza que en él o ella se deposita. Elude todas las etapas normales de desarrollo del enamoramiento hasta la intimidad en la vida matrimonial quien intenta ir de un sencillo tomarse de las manos hasta la relación sexual sin permitir que exista tiempo para conocerse, sin permitir que se desarrolle el amor, y que se conozcan espiritual y emocionalmente. Aquel que se inicia en la vida sexual antes de adquirir un compromiso matrimonial y sin obtener el permiso de los padres, de la sociedad y la bendición de Dios para vivir para siempre una vida juntos está condenado al fracaso. Pasar por alto todas estas etapas es sin duda un acto vil que se desarrolla aprovechándose de la confianza que existe en uno de los miembros de la pareja.

D. Las relaciones sexuales prematrimoniales son una deshonra.

Tamar pregunta en el versículo 13: «¿Adónde iría yo con mi deshonra?» Para la bella Tamar, para la señorita virgen, ese acto era deshonroso. La deshonra se define como la acción de escarnecer y despreciar a otra persona con ademanes o actos ofensivos o indecentes. El diccionario dice que deshonra es desflorar o forzar a una mujer, es algo afrentoso, indecoroso, poco decente. Estas palabras son descripciones correctas del deplorable acto de Amnón. Es cierto que podemos vivir en sociedades muy liberales en las cuales las relaciones sexuales prematrimoniales se consideran normales y como una excelente preparación para la vida matrimonial. Es verídico que la gran mayoría de las personas consideran que es mejor evaluar si existe compatibilidad sexual antes de casarse; pero la Biblia dice que es una deshonra y así debe considerarse en toda sociedad con una alta moralidad y que se base en los principios de la Palabra de Dios. Las relaciones sexuales antes del matrimonio son una deshonra porque son un ataque a la vida ética de una persona que ama a Dios. Son un ataque físico a alguien que debe mantener su cuerpo intacto para la vida conyugal y también un ataque emocional, porque el condón podrá proteger el embarazo pero no el daño emocional.

E.   Las relaciones sexuales prematrimoniales son un acto perverso.

Esto lo notamos en las palabras que Tamar dice a Amnón: «Y aun tú serías estimado como uno de los perversos en Israel». La perversión es el envilecimiento o la corrupción de las costumbres. Es la corrupción de la calidad, o del estado debido de una cosa; algo sumamente malo, depravado, en los hábitos u obligaciones. Esta es la descripción del diccionario, y eso es lo que quiere comunicar la hermosa Tamar al vil Amnón, y el Espíritu Santo a todos los jóvenes y señoritas que desean aprender qué piensa Dios de las relaciones sexuales antes del matrimonio. El hombre que actúa así se considera un perverso y usted seguramente ha sido testigo, si no en su familia en la de algún familiar o conocido, de las terribles consecuencias de un embarazo fuera del matrimonio. Por eso digo que las relaciones sexuales prematrimoniales son delante de Dios detestables, y traerán consecuencias lamentables. Dios perdona nuestros pecados cuando nos arrepentimos sinceramente, pero no siempre elimina las consecuencias. Si usted observa podrá encontrar muchas personas, podrá conocer muchos ejemplos que hacen esta verdad evidente. Por favor escuche las palabras de un consejero que trata constantemente con estos casos y ha sido testigo de lo que advierte la Palabra de Dios. Aun al aconsejar a adultos uno puede observar comportamientos erróneos, puede descubrir serios problemas emocionales e incluso cierta inhabilidad para tener una relación matrimonial saludable como producto de los errores cometidos en su juventud.

Ahora examinemos el versículo 14 que nos presenta el décimo tercer principio:

13. «Cuando el ser humano permite que la pasión lo controle, realizará acciones que van en contra de toda razón».

Eso es lo que ocurre en esta historia. Dice la Biblia que pese a la súplica y las palabras sabias que salieron de la boca de Tamar nada pudo cambiar la determinación de su medio hermano. Amnón no la quiso oír, sino que más bien usó su fuerza, la dominó, y así la forzó y se acostó con ella. Si usted establece una relación amorosa con una persona que ofrece ciertas evidencias de que puede ser controlada por la pasión, puede esperar que en determinado momento cometerá alguna acción que irá en contra de la razón. Por lo tanto, aprenda a conocer adecuadamente a su pareja y ponga mucha atención en si existen actuaciones que demuestren que esa persona no tiene control sobre su propia vida. Examine si es alguien que intenta romper los límites cuando se trata de la relación de amistad, cariño y aprecio que tiene una pareja que va rumbo al matrimonio. Si esa persona muestra falta de dominio propio con usted, no hay razón para pensar que lo hará exclusivamente con usted. Es mucho más fácil concluir que quien está listo a romper los límites divinos con la persona que ama, con mayor razón intentará hacerlo con cualquier otra persona que por no tener altos principios morales le presente una tentación.

El principio catorce nos muestra lo que ocurre una vez que Amnón consumó su acto pecaminoso:

14. «En las relaciones sexuales fuera del matrimonio una vez que se ha logrado el deseo, la satisfacción, generalmente se inicia un proceso de rechazo, odio y separación».

Además de que esto lo advierte la Palabra del Señor, he escuchado suficientes testimonios como para certificar que es un hecho real. Esta es la experiencia de la mayoría de las personas que llegan a las relaciones sexuales prematrimoniales. Una vez que el hombre consigue su propósito de satisfacer su pasión, una vez que llegó al orgasmo y obtuvo su satisfacción, algo comienza a ocurrir en la relación. Aunque posteriormente algunas parejas intentan mantener su vida sexual, aun así se comienza a dar un lento proceso de separación.

En muchos casos ocurre un cambio súbito como el que se especifica en los versículos 15 y 16. Notamos que hasta el versículo 14 se describe la búsqueda afanada de un propósito. Amnón utilizó toda su inteligencia para desarrollar su plan. Aplicó toda su paciencia para que llegara el momento oportuno. Luego, debido a su pasión, Amnón incluso llega a la desesperación. Su máximo interés era lograr su objetivo y utilizó toda su imaginación sólo hasta el momento que se describe en la última frase del versículo 14: «y se acostó con ella».

Nosotros, los hombres, somos conquistadores por naturaleza. Es normal que un hombre vaya por la vida tratando de conquistar. Incluso nuestra autoestima aumenta primariamente por los logros que alcanzamos. Nos sentimos exitosos cuando alcanzamos nuevas metas. Queremos conquistar nuevas cosas. Una mejor bicicleta o un mejor automóvil. Un mejor empleo o un mejor sueldo. Un hombre con una estima normal no se detiene en su última conquista. No porque logre arrendar una casa de un dormitorio cuando ya tiene un hijo se detiene allí. Queremos lograr más y mejores cosas. Una mujer como Tamar fue un desafío para Amnón. Dice la Biblia que Amnón no pensaba que ella era una chica fácil. Una mujer hermosa y difícil es un reto para todo hombre. Es más, toda relación con una mujer es un desafío. Vivimos con pasión la etapa de la conquista; establecemos nuestro plan y lo trabajamos con paciencia. Cuando existe una chica que nos apasiona estamos dispuestos a utilizar todas las herramientas necesarias para lograr nuestro objetivo. Pensamos en ella y en lo que le gusta. Reflexionamos en cómo llamar su atención. Si es necesario peinarnos, vestirnos, hablar como a ella le gusta, estamos dispuestos a hacerlo. Con flores, tarjetas, regalos, canciones, tratamos de llegar al corazón de quien deseamos conquistar. No existe nada malo en utilizar esas hermosas técnicas, pero existe algo terriblemente erróneo cuando sólo se utilizan para conquistar en la etapa del noviazgo y se olvidan en la etapa matrimonial. Así como nos sentimos relajados después de conquistar un nuevo automóvil, luego comenzamos a sentir la motivación para alcanzar uno mejor. Así también ocurre en la relación matrimonial. Una persona sin principios morales y con una mentalidad liberal puede continuar la conquista y vivir toda una temporada apasionante mientras lucha por seducir a su siguiente presa. La razón del porqué todos los hombres no hacemos esto es porque a pesar de nuestros deseos tenemos principios y valores que en dependencia de cuán fuertes y arraigados estén en nuestro sistema de pensamiento, nos permiten tener mayor resistencia a la tentación de seguir conquistando.

Amnón no tenía mayor temor a Dios. No le interesó el pecado que cometía. Eso demuestra lo débil de sus principios morales, su falta de valores correctos y su inmediato desprecio por la presa que había logrado conquistar y que por un cierto tiempo cautivó su pensamiento, pero sólo hasta que se satisfizo en forma egoísta y malvada. Es decir, cuando consumó su deseo, cuando logró su satisfacción sexual, alcanzó lo que anhelaba. Desde que logró su objetivo se inició un cambio absolutamente sorprendente. El momento del cambio se describe en el versículo 15, el cual se inicia con la palabra «luego». La pregunta es: ¿luego de qué? La respuesta es sencilla: luego de la relación sexual. Eso es lo que dice este versículo: «Luego la aborreció Amnón con tan gran aborrecimiento, que el odio con que la aborreció fue mayor que el amor con que la había amado».

He escuchado muchas veces este relato. Es la triste historia que han vivido muchas parejas que siguieron ese proceso pecaminoso. Aquellos que comenzaron acercándose paulatinamente, tomándose la mano, apartándose a lugares oscuros y solitarios, aquellos que se excedieron en las caricias, que buscaron la excitación de la otra persona y que luego llegaron al acto sexual, muchas veces experimentaron lo que relata este pasaje. Si usted pregunta principalmente a la mujer lo que sintió después de que terminó este proceso, le comunicará su decepción y temor, le describirá los cambios que ocurrieron en la relación. Le dirá que algunos muchachos sólo han querido tener relaciones sexuales regularmente. Incluso los que experimentaron por primera vez no se detuvieron en una relación sexual. Es que muchas parejas de jovencitos ni siquiera saben bien lo que debe ocurrir ni cómo tener relaciones sexuales saludables. Generalmente tienen el acto sexual en medio de un ambiente tenso, saben que hacen algo indebido, tienen temores, están escondidos y temen las consecuencias. Algunas chicas sufren una gran decepción pues no logran sentir nada y luego sicológicamente quedan condicionadas para desechar esas relaciones, algunas mantienen ese rechazo aún cuando llegan al matrimonio. Otros quieren seguir experimentando, buscan mejores satisfacciones y forman un hábito sexual. Muchos quedan atrapados en ese despertar a la vida sexual y continúan teniendo relaciones sexuales periódicas hasta que llega un embarazo o sienten que es una rutina. Unos cuantos comienzan a buscar a su nueva presa y dejan a un lado a la otra persona, quien quedó ligada emocionalmente.

Amnón casi en forma súbita odió a la virgen que decía amar. Tristemente muchos jóvenes viven la misma experiencia aunque generalmente no sienten el rechazo repentinamente. He escuchado muchos relatos que demuestran que algo ocurre después de lograr el objetivo. A partir de ese momento muchos inician un proceso paulatino de rechazo, odio y separación. En la práctica una gran cantidad de parejas que tienen relaciones sexuales prematrimoniales terminan su relación antes de llegar al matrimonio. Note lo que ocurre según este pasaje de las Escrituras. Amnón siente aborrecimiento, un odio que le lleva a decir: «Levántate y vete». La despreció miserablemente, ni siquiera la quiso oír. El versículo 17 relata las palabras de Amnón a sus criados: «Échame a ésta fuera de aquí, y cierra tras ella la puerta».

Observe el increíble cambio. Su pasión, sus palabras, sus acciones y su actitud hacia ella cambiaron radicalmente. Ahora ya no era la virgen hermosa, ya no era una señorita apreciada, más bien después del acto sexual la tratan como una cualquiera. Se

abusó vilmente de ella y pasó a formar parte de la lista de mujeres usadas y despreciadas. Ahora no es objeto de la ternura. Después de abusar de ella es objeto del desprecio. Amnón dice:
«échame a ésta», a esta mujer vulgar, a esta que no vale nada, a
esta que usé y ya no es virgen.

Berta tenía 33 años y estaba a punto de divorciarse. Admitía
su culpabilidad en los conflictos que tenía con su esposo. En sólo
tres años de matrimonio se había dado cuenta de su terrible
error. Nació en un hogar cristiano y participaba activamente en
su congregación. Aunque no le agradaban mucho las enseñanzas estrictas de su pastor en relación al noviazgo y mucho menos
las reglas difíciles en su hogar, debido a su profundo amor por
Dios y a su deseo de tener el privilegio de ser un líder del grupo
de jóvenes, se sometió y no tuvo una relación amorosa sino hasta los dieciocho años. «Quise alejarme de todo problema y aunque por momentos odié hacerlo, evité toda relación amorosa»,
me comentó. Finalmente decidió comenzar a salir con un chico
y después de dos meses iniciaron su relación amorosa. Su novio
era un muchacho que no tenía más de un año de haber llegado a
la iglesia. Los demás jóvenes de la iglesia o eran menores y no se
les permitía tener una relación amorosa o los que tenían la edad
permitida ya tenían una chica. Ella comentó: «Cuando llegó es-
peré con paciencia hasta ver si era un verdadero cristiano». Finalmente y con el respectivo permiso de sus líderes, Berta
comenzó a salir con Hugo. La vida de Hugo sin Cristo había sido
tormentosa; no tenía muy buenos valores y acostumbraba jugar
con los sentimientos de las chicas. En la escuela secundaria era
conocido como un «don Juan» y luego vivió algunas experiencias dolorosas que lo movieron a buscar ayuda en Dios. En esas

condiciones llegó a la iglesia. Durante el transcurso del último año como cristiano aprendió muchas cosas. Sabía muy bien que ahora no debía jugar con los sentimientos de nadie, mucho menos tener relaciones sexuales prematrimoniales. Sin embargo, su más grande batalla era evitar la vida sexual. En esta relación con Berta tuvo mucho cuidado, después de todo ella era un líder de la congregación; pero a la vez era bonita y tierna. Hugo cada día descubría que no era lo suficientemente fuerte como para evitar las caricias, las que cada vez fueron aumentando. Berta por otro lado comenzó a experimentar algo que nunca había sentido. Estudiaban y pasaban mucho tiempo juntos en la universidad y en la iglesia. Berta por momentos estaba confundida. Rechazó constantemente las caricias en sus senos pero en su relato me dijo: «Había algo que a la vez me llamaba la atención y me agradaba hasta que finalmente lo permití. La primera vez me sentí culpable, pero poco a poco dejé de sentirlo. Nuestra pasión fue aumentando y en varias oportunidades estuvimos tan excitados que por poco tenemos relaciones sexuales. Luego era rutinario excitarnos y no sentirnos culpables, hasta que un día se dieron las circunstancias ideales y cometimos ese terrible pecado que dañó toda mi vida».

Berta quedó embarazada y comenzó inmediatamente a vivir una relación tormentosa. Hugo tuvo un cambio de 180 grados. Dejó de ser cariñoso y comenzó a alejarse paulatinamente de ella. Ya no se veían tan a menudo y después de varias semanas de tener relaciones sexuales, cuando Berta le contó lo de su posible embarazo, comenzó una vida de tragedia. Ni siquiera la quiso acompañar al médico para saber si estaba realmente embarazada. Cuando comprobó su embarazo, la primera sugerencia de

Hugo fue que se realizara un aborto. De allí en adelante vivió una terrible pesadilla. Pasó por la vergüenza de confesárselo a sus padres y a su pastor, de ser disciplinada en la congregación, de abandonar sus estudios universitarios y comenzar a trabajar. Hugo siguió jugando con sus sentimientos pues quien juega cuando soltero tiene todas las cualidades para seguir haciéndolo toda la vida, a menos que enfrente seriamente su problema. Hugo le prometía casarse con ella, se acercaba por un tiempo, tenían relaciones sexuales nuevamente y luego se marchaba. Aseguraba que la ayudaría económicamente, lo hacía por un tiempo y luego actuaba irresponsablemente. Finalmente, y después de años de entrar y salir de la vida de Berta, decidieron casarse. Fue otra equivocación que se sumó a la serie de errores que Berta había cometido. A los treinta y tres años y con sólo tres años de casada, pero muchos años de vida tormentosa, Berta decidió divorciarse. Berta es un triste testigo de que una vez que se tienen relaciones sexuales prematrimoniales caemos en una montaña rusa emocional.

He escuchado cientos de testimonios y todos me confirman que después de la relación sexual, los novios aunque sea en forma mínima tienden a relajarse en su relación y la gran mayoría de las parejas comienzan a perder esa cercanía que tanto buscaron. La historia de Berta y la historia de Tamar tienen los mismos elementos destructivos, sin importar cuantos años existan entre cada una de ellas.

CAPÍTULO SEXTO

UN PECADO PERSONAL QUE NO AFECTA SÓLO A QUIEN LO PRACTICA

«EL PECADO SIEMPRE TRAE CONSECUENCIAS
DESASTROSAS, EXISTIRÁ TRISTEZA, SOLEDAD
Y ETAPAS MUY DOLOROSAS»

Berta vivió esas consecuencias desastrosas. Mejor dicho, todavía vive esas consecuencias. Pasó por etapas de soledad, vergüenza, angustia y desesperación. La reacción de la familia por causa de su pecado fue dividirse en cuanto si apoyarla o no. Aún su padre decidió no verla durante un tiempo. Hasta perdió su posición como líder en la iglesia, algo que ella amaba verdaderamente. Era terrible llegar a las actividades en la que parte de la congregación la apoyaba mientras la otra la rechazaba. Toda su vida cambió. Estaba muy ilusionada porque había comenzado a estudiar la carrera que tanto anhelaba, sin embargo, tuvo que abandonar los estudios y empezar a trabajar. Por fin nació su hija lo que sirvió para que un chispazo de felicidad iluminara aunque fuera brevemente su maltratada vida, pero también contribuyó a la llegada de serias responsabilidades y presiones.

Con Hugo, el padre de la niña, salvo cortos intervalos de paz que sólo le hacían aumentar la esperanza de tener un matrimonio normal, nunca tuvo verdadera paz. Sus experiencias prueban que las consecuencias del pecado son verdaderamente terribles.

CONSECUENCIAS DOLOROSAS PARA LOS DESOBEDIENTES

«Nadie puede jugar con Dios y actuar con desobediencia sin sufrir las consecuencias inmediatas o posteriores».

Las consecuencias de este terrible pecado no llegaron inmediatamente. Amnón al parecer satisfizo su pasión y salió libre de toda destrucción. Tenía el poder en sus manos y la estrategia para evitar las consecuencias, pero en algún momento el juicio llegaría al rebelde. Amnón sabía que lo que hizo no sólo era pecaminoso, sino además un acto despreciable para la sociedad en que vivía. En Levítico 18.9 la ley prohibía específicamente este acto abominable: «La desnudez de tu hermana, hija de tu padre o hija de tu madre, nacida en casa o nacida fuera, su desnudez no descubrirás». También Levítico 20.17 dice: «Si alguno tomare a su hermana, hija de su padre o hija de su madre, y viere su desnudez y ella viere la suya, es cosa execrable; por tanto serán muertos a ojos de los hijos de su pueblo; descubrió la desnudez de su hermana; su pecado llevará».

Amnón eligió la desobediencia que le llevó a una vida de temor, angustia y violencia. Absalón, su medio hermano, decidió vengar la violación de su hermana y dos años más tardes (2 Samuel 13.23-33) cumplió su plan de ejecutar venganza. En medio de una borrachera, cuando estaba «alegre por el vino», fue asesinado. El fin de un desobediente nunca es bueno. No lo fue antes ni lo es ahora.

CONSECUENCIAS DOLOROSAS PARA PERSONAS INOCENTES.

«Las relaciones extramatrimoniales no sólo traen dolorosas consecuencias a los que las practican, también pueden sufrir otros que no participaron de ellas».

David, el padre de Amnón no había sido partícipe de este pecado. La familia era inocente de esta violación, pero todos tuvieron que vivir experiencias dolorosas. Tamar no buscó vivir esta terrible experiencia; ella no participó ni planificó este encuentro sexual, tampoco lo deseaba, pero igual vivió consecuencias desastrosas. Observe lo que dicen los versículos 18 y 19: «Y llevaba ella un vestido de diversos colores, traje que vestían las hijas vírgenes de los reyes. Su criado, pues, la echó fuera, y cerró la puerta tras ella. Entonces Tamar tomó ceniza y la esparció sobre su cabeza, y rasgó la ropa de colores de que estaba vestida, y puesta su mano sobre su cabeza, se fue gritando».

Tamar, la bella, la hermosa, la hija virgen del rey, según el versículo 18 llevaba un vestido de diversos colores. Esto era una muestra de alegría. El colorido de su vestido era una buena descripción del esplendor de su vida. Sin duda ella era una alegre joven que mostraba deseos de vivir. Usaba un traje que vestían las hijas vírgenes de los reyes, pues era hija del rey y una chica virgen. Tenía toda una vida por delante, estaba contenta y feliz de la vida.

Luego que Amnón satisfizo su pasión por el camino del pecado, todo cambió para la bella Tamar. También hubo un cambio repentino y extremo en el apasionado Amnón. Seguramente molesto por lo que la ultrajada Tamar decía o hacía, llamó a su criado y le dijo: «Échame a ésta fuera de aquí». Observe el cambio radical. Ahora la describe como «ésta» pues ya no es la virgen, ya no es la hermosa, ya no es la señorita de quien se enamoró hasta enfermarse. Después de conseguir su propósito trata a Tamar como si fuera una mujer fácil, vulgar, una prostituta, una despreciable. Decide sacarla de allí y cerrar tras ella la puerta.

Es muy interesante que las señoritas observen con cuidado la reacción de Tamar. Cuando ella se da cuenta de que ya no es una virgen y que es despreciada, una vez que el criado la echa fuera y cierra tras ella la puerta, ella hace algo impresionante. La muchacha toma ceniza en sus manos, la esparce sobre su cabeza y rasga la ropa de colores con la que estaba vestida. Luego Tamar pone su mano sobre su cabeza y sale gritando.

Al aconsejar a quienes tuvieron relaciones sexuales pre-matrimoniales escucho muchas veces el mismo relato tal vez con detalles un poco distintos. Unas veces más o menos dramáticos, pero todos traen consigo la marca del dolor. Todos incluyen a chicas que lloran desconsoladamente por vivir esta amarga experiencia. Recuerde que el pecado siempre trae experiencias desastrosas y quien determina dar rienda suelta a su mundo pasional vivirá experiencias de tristeza, soledad y etapas de mucho conflicto y dolor.

Tamar sufrió una terrible angustia y desconsuelo. Puede notar que al final del versículo 20 se describe una vez más su aflicción. Sin embargo, no fue solamente ella la que sufrió las consecuencias, según el versículo 21, también produjo una crisis en la vida de toda la familia. El padre de Tamar también experimentó las secuelas. David estaba enojado. El versículo 31 lo describe rasgando sus vestidos y echándose a tierra, y junto a él lo hicieron todos sus criados. Amnón también sufrió terribles consecuencias pues sus acciones no podían quedar sin respuesta. El peor de ellos fue que murió ajusticiado por orden de su propio medio hermano. Dice el versículo 29: «Y los criados de Absalón hicieron con Amnón como Absalón les había mandado».

Los criados hirieron y mataron a Amnón conforme a la orden que Absalón les dio, por lo que la familia seguía recibiendo los terribles efectos de su pecado. Su familia fue testigo de la muerte de un muchacho enceguecido por la pasión, observaron la destrucción de un muchacho que decidió voluntariamente romper los límites de la moral. Siempre digo que si me pidieran que escribiera el epitafio en la lápida del joven Amnón tendría que ser honesto y decir: «Amnón, un muchacho que eligió su destrucción por satisfacer erróneamente su pasión».

Si allí terminara la historia, diríamos que el culpable recibió su sentencia y todo terminó, pero lo triste es que allí no termina la historia. Absalón, el dolido hermano de Tamar y quien se levantó enfurecido para vengar a su querida hermana, también sufrió consecuencias del pecado de Amnón. Su propia reacción pecaminosa agravó los resultados. Su corazón estaba lleno de odio y resentimiento.

Cuando Absalón tiene la oportunidad de ver a la hermana que amaba, le dice: «no se angustie tu corazón por esto». Trató de asumir el papel de consejero, se identificó con la angustia de su hermana y le dijo que no debía permitir que esa experiencia la destruyera. Sin embargo, guardaba horribles sentimientos. El versículo 22 declara: «Mas Absalón no habló con Amnón ni malo ni bueno; aunque Absalón aborrecía a Amnón, porque había forzado a Tamar su hermana».

El tiempo siguió su camino, pero esta experiencia dejó un trauma tremendamente grande en la vida de Absalón. El versículo 23 dice que después de dos años comenzó con su plan para matar a su medio hermano por lo que había hecho con su hermana. Planificó todo, y ejecutó el plan paso por paso, hasta que logró su objetivo. Su apasionado hermano estaba muerto, pero esto generó otras consecuencias, porque enfrentar el pecado con otro pecado sólo agrava seriamente las circunstancias. Absalón tuvo que huir debido al asesinato que él mandó realizar. El versículo 34 afirma: «Y Absalón huyó».

Es imposible que quien reacciona pecaminosamente ante el pecado de otros no desarrolle otra cadena de eventos destructivos. La familia siguió viviendo las secuelas. El versículo 36 nos muestra que otros hijos del rey también fueron afectados. La angustia inundó el ambiente familiar. En el palacio del rey los hijos de David alzaban su voz y lloraban, e incluso el mismo rey reunió a sus siervos y lloraron con grandes lamentos.

El versículo 37 nos describe a Absalón escapándose a la casa de su abuelo, y a David que llora por su hijo que huye debido al inmenso trauma que experimentaba. Observe que ha pasado el tiempo y Absalón ya debería estar curado, pero según 2 Samuel 14.27 este trauma no terminaba.

Absalón ahora tiene hijos y su primera hija recibe el nombre de su recordada hermana Tamar. Este muchacho hermoso, con un gran futuro se ve involucrado en este asesinato. El odio por la acción de su medio hermano le llevó a los extremos. No hay dudas de que las consecuencias son graves, toda la familia está destruida.

Mientras más profundizo en los detalles de la vida de esta familia, más impresionante me parece la historia. Según el versículo 25 ningún joven era tan alabado por su hermosura como lo era Absalón. Las Escrituras dicen que desde la planta de su pie hasta su coronilla no tenía defecto alguno, sin embargo, este hermoso ejemplar de juventud tiene un corazón lleno de odio y rencor. Su padre tenía sus propios problemas y ante las acciones de su hijo Absalón decide despreciarlo. Era tal la presión y el dolor del muchacho que decide irse a vivir lejos de él, a casa del abuelo. Absalón ni siquiera podía ver el rostro de su padre. Según el versículo 28, se le impidió por dos años. Luego intenta comunicarse con un general amigo de David llamado Joab; pero él tampoco quiso venir, lo que le motivó a pensar que era rechazado y no quería vivir así. Decidió realizar otro plan. Para llamar la atención, Absalón comienza a incendiar los campos alrededor del palacio. Quería decirle a su padre: «Aquí estoy papá. Dame un poco de tu atención». Su presión logró su objetivo y finalmente el padre le permitió entrar al palacio. Parece que finalmente la familia comienza una nueva etapa, pero no era de amor y respeto, al contrario, la historia continúa con otra serie de experiencias destructivas. Absalón inicia una gran rebelión para derrocar a su propio padre según el capítulo 15 y además, comete pecados vergonzosos.

En 2 Samuel 16.22 se narra:

Entonces pusieron para Absalón una tienda sobre el terrado, y

se llegó Absalón a las concubinas de su padre, ante los ojos de
todo Israel.

Absalón estaba decidido a herir a su padre. Decidió seguir pecando y vale notar que el lugar que eligió para realizar su orgía
fue el mismo lugar en que David cometió su acto de adulterio.
Allí el hijo tuvo relaciones sexuales con las concubinas de su padre ante los ojos de todo el pueblo. La historia termina dramáti-
camente cuando Absalón tiene que huir. En el capítulo 18 se nos
relata que «se encontró Absalón con los siervos de David; e iba
Absalón sobre un mulo, y el mulo entró por debajo de las ramas
espesas de una gran encina, y se le enredó la cabeza en la encina,
y Absalón quedó suspendido entre el cielo y la tierra; y el mulo
en que iba pasó delante».

En estas circunstancias, mientras colgaba de su pelo en el árbol, llegaron los soldados de David. Absalón tenía orden de captura por todo el daño que había realizado. Repare hasta dónde le
llevó el odio que sentía por la violación de su hermana. El odio,
el resentimiento, la vergüenza y la angustia de una familia al descubrir el pecado de los hijos puede llevar a su destrucción. Allí
estaba Absalón sin saber qué hacer. Había sufrido, se había enojado, se llenó de odio, mandó a matar, se rebeló contra su padre,
causó destrucción, salió huyendo para evitar su captura y ahora
colgaba de su hermosa cabellera. Hasta allí llegó el general del
ejército llamado Joab. Finalmente tenía en sus manos al joven
rebelde. Tomó tres dardos en su mano y los clavó en el corazón
de Absalón, quien estaba aún vivo colgando de la encina. Más
tarde, diez jóvenes escuderos de Joab rodearon e hirieron a
Absalón y terminaron de matarle. Los versículos 16 y 17 dicen:

Entonces Joab tocó la trompeta, y el pueblo se volvió de seguir a Israel, porque Joab detuvo al pueblo. Tomando después a Absalón, le echaron en un gran hoyo en el bosque, y levantaron sobre él un montón muy grande de piedras; y todo Israel huyó, cada uno a su tienda.

Allí quedó Absalón, cubierto de piedras que bien podrían simbolizar el terrible peso que llevaba en su vida. Una vez más, si me solicitaran escribir el epitafio sobre el montón de piedras en la tumba de Absalón escribiría lo siguiente: «Absalón, príncipe rebelde, consiguió su propia destrucción por el odio que acumuló en su corazón».

David, el padre de Tamar, Amnón y Absalón sufrieron las consecuencias de su propio pecado. Recuerde que después del adulterio con Betsabé, el profeta declaró que la sentencia sería que la espada nunca se apartaría de su casa. La sentencia continuaba cumpliéndose. El fruto de su pecado seguía asolando el palacio del rey y unido a las consecuencias de las relaciones sexuales prohibidas que Amnón realizó, crearon un caos en la familia. Lo lamentable es que hay madres y padres inocentes que tienen que vivir todo un drama pues sus hijas no tuvieron la valentía de luchar por la pureza. El dolor de los padres cuyas hijas quedan embarazadas es indescriptible. El dolor de David después de tan desoladores acontecimientos es también incomparable. La historia nos presenta un relato muy emotivo y de mucho impacto en 2 Samuel 18.33 cuando dice:

Entonces el rey se turbó, y subió a la sala de la puerta, y lloró; y yendo, decía así: ¡Hijo mío Absalón, hijo mío, hijo mío Absalón! ¡Quién me diera que muriera yo en lugar de ti, Absalón, hijo mío, hijo mío!

Es verdad querido amigo. No pretendo asustarte. La Biblia lo muestra en historias como estas, lo asegura en el llamado a la pureza y en la descripción de las consecuencias de la disciplina divina, y las experiencias de las personas que he tratado lo confirman. Las relaciones extramatrimoniales no sólo traen consecuencias dolorosas a los participantes, sino también a familiares inocentes.

CAPÍTULO SÉPTIMO

UN CONSEJO SIN CONFUSIÓN PARA AMIGOS CONFUNDIDOS

«CUANDO UN JOVEN ESTÁ CONFUNDIDO Y ACTÚA ERRÓNEAMENTE, DIOS NO ESTÁ DESCONCERTADO Y SIEMPRE ACTUARÁ SABIAMENTE»

No creo que sería justo terminar una historia como esta sin compartir severas palabras de advertencia. Debo decir que no me mueve ninguna otra razón que mi amor por los jóvenes y las señoritas. Estoy convencido de que existen miles de ellos que al tener la instrucción apropiada elegirán el bien y la pureza. También estoy seguro de que otros seguirán desobedeciendo periódicamente y por lo tanto sufriendo consecuencias dolorosas constantemente. No tengo ninguna duda de que miles de jóvenes cometen los más terribles pecados por ignorancia. Muchos no conocen la razón de su existencia, la voluntad de Dios para su vida. Este es el motivo de que escribiera otro libro sobre el propósito de Dios, porque estoy seguro de que todo individuo debe entender la razón de su existencia y cumplirla para sentirse realizado. Odio que el enemigo de nuestras vidas influencie mentes que deberían conocer el amor de Dios, los secretos y beneficios de vivir con pureza y las consecuencias de ignorar o rechazar los valores y mandamientos divinos.

Los jóvenes de hoy viven una época de grandes adelantos en la tecnología, pero también en una sociedad cada vez más libertina. La violencia, el alcohol, la pornografía, las drogas y la promiscuidad rodean a nuestra juventud cristiana y no cristiana.

En su libro *¿Por qué esperar?* (Editorial UNILIT), Josh McDowell muestra una estadística espeluznante de la realidad de los jóvenes en los Estados Unidos. La gran mayoría de los jóvenes tienen relaciones sexuales antes de cumplir los veinte años. Muchos varones que son ahora activos sexualmente comenzaron a los catorce años y la chicas a los quince. Estas relaciones sexuales ilícitas se llevaron a cabo generalmente en casa de uno de los novios. De cada diez mujeres, por lo menos tres han pasado por la triste experiencia del abuso sexual y más de la mitad de ellos los perpetraron los novios o ex-novios.

Me preocupa que en nuestros países se enseñe algo de educación sexual técnicamente, pero que se evite hablar de las implicaciones éticas por temor a no promover los valores cristianos. Muchos profesores con una mentalidad liberal están haciendo un daño profundo que afectará no sólo a la juventud de hoy, sino a toda la sociedad del mañana.

La vida sexual de un individuo no es como un viaje en bote por el mar, en el que no quedan marcas. Tampoco es como marcar un sendero en un papel blanco, pues como seres humanos tenemos tendencias pecaminosas y debido a que nos criamos en hogares y en un mundo imperfecto tenemos manchas que nos impiden tener una vida sexual totalmente saludable. Tendemos

123

a irnos a los extremos. Algunos ven la vida sexual como los ascéticos que exaltaban la perfección espiritual y negaban la satisfacción de los deseos sexuales. Otros se van al extremo de ignorar los valores espirituales y sólo satisfacen sus pasiones corporales. Muchos viven en la batalla de no irse a los extremos, pero navegan en distintos mares dependiendo de la oportunidad que se les presente y de la fortaleza del momento. En ocasiones mantienen una vida sometida a buenos valores y otras veces ignoran sus principios por ser más grande la pasión, pero pocos batallan permanentemente por mantener un profundo amor por Dios, un gran respeto por el prójimo y sus sentimientos, y una buena mayordomía de su cuerpo y emociones basada en los más altos valores divinos.

La vida sexual es como la tierra virgen. A veces algunos se meten en esta tierra ajena y causan daño. Los abusadores, los violadores, los que tienen relaciones sexuales fuera del matrimonio, los que juegan con los sentimientos y se meten en prácticas desviadas de la moral, invaden la privacidad de ese terreno y dejan marcas imborrables que solamente pueden ser superadas por las propias víctimas. Una chica violada por un criminal o por su novio llevará marcas que tendrá que aprender a manejar. Esta tierra virgen se le entrega a cada persona, cada individuo debe cuidarla. No somos responsables solamente cuando un criminal obliga a su víctima a la fuerza, por asalto, a tener relaciones sexuales. También los somos cuando en la relación de amor que decimos tener con una persona o por asociarnos con amigotes se traspasan lentamente nuestras fronteras y nos causan daño.

Cada persona debe ser sabia para trazar una buena ruta en su terreno virgen. Dios *estableció* un sistema que nos permite crear ese sendero lentamente, pero con sabiduría. A los padres les entrega la responsabilidad de cuidar ese terreno cuando sus hijos son pequeños. Luego deben enseñarles a cuidar el terreno para que nadie, ni siquiera ellos mismos sean causantes de surcos que los marcarán para toda la vida. Ellos deben evitar ser marcados por la masturbación, la pornografía, el sadismo, el exhibicionismo, el homosexualismo y cualquiera otra clase de desviación. Como jóvenes deben aprender a disfrutar de su sexualidad y practicarla conforme a la guía de los valores divinos establecidos en la Biblia, es decir, cómo, cuándo y dónde según Dios lo diseñó. Y es que quien se involucra en la pornografía llenará su mente de imágenes y prácticas que recordará toda la vida y afectarán su vida de casado. Los que sólo buscan su satisfacción sin importar lo que siente su pareja, los que son adictos a la masturbación, tenderán a seguir practicando lo mismo aun en la vida matrimonial. Las consecuencias de los comportamientos aprendidos pueden seguir toda la vida a las personas y afectar sus relaciones familiares futuras. Por eso, debemos aprender a establecer rutas saludables que siguen todas las instrucciones del mejor constructor de caminos, el Dios que nos creó.

Espero que el siguiente principio les ayude a poner todo lo que se menciona en este libro en la perspectiva apropiada:

«El placer de lo que uno ha sembrado se eclipsará por la tristeza y el dolor de la cosecha».

He descrito al joven Amnón como apasionado lo que verdaderamente él era. Se enamoró ciegamente y por eso actuó pecaminosamente. Puso sus ojos en una linda y hermosa chica, una muchacha virgen a quien no era fácil hacerle daño. Tamar no era una mujer cualquiera por lo que el astuto muchacho tuvo que planear una vil treta para satisfacer su pasión, esa pasión que le enceguecía. Tristemente Amnón había visto el ejemplo de un padre apasionado. Vivió en un palacio lleno de intrigas, celos, envidias y pasiones. La muchacha tenía belleza y simpatía que eran virtudes muy atractivas; pero aparentemente no actuó con suficiente firmeza y determinación ni con una actitud preventiva. El escenario de esta historia nos ha presentado a un muchacho ciegamente apasionado y a una chica que tenía la obligación de cumplir el mandato de mantener su virginidad pero que al final fue violada. Existía también un falso amigo que le ayuda a planificar el pecado, que le incita a alejarse de Dios, y le aconseja que dé rienda suelta a sus pasiones. El plan le indicaba que para lograr su cometido debía buscar lugares solitarios y realizar acciones sospechosas y pecaminosas. Triste e inevitablemente llegaron las consecuencias terribles y desastrosas. Una chica y su familia entran en una grave crisis absoluta que lleva a la muerte del muchacho como producto de su pasión. Allí termina la historia del apasionado Amnón, quien muere como consecuencia de su propia pasión. La familia real sufre las consecuencias del pecado paternal y finalmente la inocente, hermosa y ya no virgen Tamar queda condenada a padecer toda la vida por las acciones pecaminosas de un hombre despreciable y carnal. Estas terribles consecuencias son precisamente las que deseo evitar a todos aquellos que aman a Dios. Es cierto que son más los que rechazan el pensamiento bíblico de pureza moral y menos los que anhelan una vida acorde con los principios bíblicos, pero si tuvieran la precaución de examinar bien las consecuencias que sufren las familias que han elegido el pecado en la sociedad en que vivimos, tendrían que concluir que la pureza sexual al estilo bíblico sería la solución a muchos de los conflictos familiares.

Estoy convencido de que la gran mayoría no cae súbitamente al abismo de la impureza moral. Existe todo un proceso de lento deterioro moral, ya sea la sociedad que lentamente va ampliando sus límites de tolerancia, un joven no cristiano que no ha recibido ninguna enseñanza ni ejemplos de alta moralidad o una muchacha como Berta que conoce a Dios y le ama; sea quien sea, los pecados son consecuencias de un proceso de deterioro. Por ello creo que es imprescindible compartir palabras de advertencia. Tal vez en este mismo momento se encuentra en una etapa descendente. Tal vez ha ido bajando sus niveles de moralidad. Posiblemente en su relación de noviazgo ha aumentado lentamente su tolerancia. Hoy admite cosas que tiempo atrás rechazaría por ser un peligro para sus anhelos de vivir en pureza. Tristemente muchos no se dan cuenta de ese proceso descendente, se van adaptando lentamente a los valores anticristianos de la sociedad y poco a poco permiten que su relación de noviazgo no tenga las características de una relación que glorifica a Dios. Muchos están tan inmersos en su mundo, se sienten tan cómodos, que no se dan cuenta de que corren peligro. La razón es que los seres humanos reaccionamos como las ranas, las cuales mostraron una gran debilidad en un experimento. Si usted pone una rana en un recipiente de agua fría y luego lo comienza a calentar a fuego muy lento comprobará que ni siquiera intentará salir del agua. Aunque el agua se va calentando permanece tranquila, sin advertir el peligro de terminar cocinada debido a que su cuerpo se va acostumbrando lentamente a la temperatura. De la misma manera existe una gran cantidad de personas que paulatinamente se van acostumbrando al pecado sin darse cuenta de las terribles consecuencias que van a sufrir. Poco a poco van introduciéndose en un mundo de caricias sutiles, primero en la cara y las manos, después los brazos, y luego siguen avanzando hacia las piernas, el estómago, las caderas y continúan en su búsqueda desesperada y apasionada de las partes íntimas. El siguiente paso será la relación sexual. Todo ha ocurrido lentamente y en forma casi imperceptible.

Estoy convencido de que existe placer en las relaciones sexuales, incluso en las que se realizan fuera del matrimonio, pero esa corta temporada de placer será eclipsada por una larga temporada de consecuencias dolorosas que a veces acompañan toda una vida.

UN TESTIMONIO TRISTE DE CONSECUENCIAS PERMANENTES

He aconsejado a muchas personas que sufren por no poder salir del terrible resultado del pecado. Algunos han sufrido por meses algún efecto, otros por años, y los más terribles casos y que más me han impactado son aquellos que viven consecuencias permanentes. Recuerde que David, el salmista, fue uno de ellos. Su familia vivió toda la vida bajo la terrible sombra del pecado del rey de Israel. Pero tampoco puedo olvidar las largas horas de asesoramiento que realicé tratando de ayudar a Ester. Era una mujer de cincuenta años, pero parecía que había vivido un siglo. Ester nunca se casó pero tenía dos hijos. Dos hombres fueron parte de su vida y nunca se casó con ninguno. El primero fue su primer amor. Cinco días después de cumplir los dieciocho años y sin terminar aún su educación secundaria descubrió que estaba embarazada. Sus padres vivieron una severa crisis que trajo como consecuencia que la echaran de la casa por el pecado cometido. No encontró misericordia ni recibió ayuda. Por lo menos el amor de su vida la convenció de que se marcharan y así lo hicieron. El tenía 22 años y había conseguido un buen trabajo por lo que lograron rentar un pequeño departamento y comenzaron a vivir juntos. Leonardo prometió casarse más tarde pero nunca lo hizo. Más bien después de que nació el niño y cuando más lo necesitaba decidió marcharse. Entró y salió de la casa durante los próximos dos años hasta que finalmente la abandonó. Nunca más supo de él y Ester comenzó otra etapa de su crisis. Necesitaba la compañía de alguien pero tenía miedo de comenzar otra relación. Además, tenía un hijo y mucho temor de que otro hombre se convirtiera en su padre. Muchos hombres intentaron tener una relación con ella, tuvo citas con un par de ellos pero siempre se repetía la misma experiencia, todos tenían las mismas intenciones. Querían tener relaciones sexuales. Con mucho dolor me repetía en cada oportunidad que se le presentaba: «Es terrible la situación de una mujer divorciada. Nunca encontré ni siquiera un hombre que se acercara a mi con buenas intenciones. Todos creían que por ser divorciada era una mujer fácil». En otras ocasiones admitió que ni siquiera podía tener amigas casadas: «Todas tenían cuidado de que no les quitara el marido. Siempre me veían como una amenaza» Finalmente y después de una larga espera sintió que había encontrado lo que ella llamo su «segunda ilusión». Estaba segura de que esa relación era lo mejor que le podía pasar en la vida. Se preparó y trató de actuar con la mayor sabiduría posible. Se repetía mil veces: «Esta vez no puedo fallar». Lamentablemente después de casarse descubrió que la habían usado una vez más. Su nuevo amor, a pesar de todas las promesas, solamente vivió con ella por seis meses, la dejó embarazada, la abandonó y Ester volvió a su terrible experiencia de soledad, ahora con una nueva consecuencia. Debía luchar contra todo para criar a su hijo. Su segunda ilusión le dejó su segundo hijo.

La tarea no era fácil. Dio lo mejor de sí pero vivía una serie de circunstancias que preparaban el ambiente para que su hijo mayor comenzara ha actuar con una creciente rebeldía. El terrible vecindario en que debía vivir por su difícil situación económica, las malas amistades, la falta de un padre y su debilidad en la disciplina contribuyeron a que finalmente y con la más terrible ingratitud también su hijo la abandonara. Tenía terror de que ocurriera lo mismo con su segundo hijo, pero a la vez estaba más tranquila ya que por lo menos no habría oportunidad de que volvieran las terribles peleas entre los hermanos.

Como consejero he estado en contacto con mucho dolor humano, pero una de sus expresiones más tristes es la vida de una mujer que ha tenido que sufrir toda su vida las consecuencias de sus malas decisiones. «No terminé mi educación secundaria, comencé a criar a un niño jovencita, no pude seguir estudiando, no tengo ninguna profesión y me he mantenido por sobre el nivel de la pobreza. Los hombres que busqué como apoyo, lograron lo que ellos querían, pero yo nunca logré lo que buscaba», era el lamento constante de quien había vivido cincuenta años pero había sufrido como un siglo. Ester tuvo placer en la siembra de su pecado al tener relaciones sexuales prematrimoniales a los diecisiete años, pero llevaba treinta y tres años viviendo el dolor de la cosecha. Me siento orgulloso de contribuir a aliviar un poco su dolor y de darle consejos importantes para no seguir actuando erróneamente. Me alegra haberla orientado para que actúe con sabiduría, para que no siga acumulando malos resultados y salga del círculo vicioso de pecado, de sus consecuencias y sufrimientos.

LEY DURA PERO JUSTA

No quiero que olvide que el placer de la siembra será eclipsado por el dolor de la cosecha y que esto es una verdad que se comprueba por una de las más serias advertencias que descubrí en las Escrituras. Se haya en las palabras del apóstol Pablo en Gálatas 6.7: «No os engañéis; Dios no puede ser burlado: pues todo lo que el hombre sembrare, eso también segará».

Todos los seres humanos tendemos a pensar que podemos engañar sin ser sorprendidos. Nos motiva el hecho de que a veces salimos exitosos en nuestros intentos de esconder nuestras acciones pecaminosas delante de los humanos. Ese éxito parcial y el silencio de Dios al no ejecutar un acto disciplinario inmediato cuando pecamos nos motiva a pensar que podemos burlar la justicia divina. Pablo nos advierte que eso no es posible, nos dice que evitemos intentar burlarnos del Dios todopoderoso pues no paga bien practicar el pecado aunque produzca deleite y agrade a nuestras pasiones.

Definitivamente, aunque el nombre de *relaciones sexuales prematrimoniales* parece una invitación a la aventura, en realidad el nombre correcto que Dios les da es pecado, fornicación, relaciones pecaminosas. Constituyen un acto prohibido por Dios, y por lo tanto, una rebelión en contra de los principios divinos. Quien las lleva a cabo siembra pecado para cosechar destrucción. Las relaciones sexuales prematrimoniales provocan la disciplina divina y quien las practica sufrirá las consecuencias en distintas áreas de su vida. Por eso estoy convencido de que se cumplirá lo que dice esta advertencia divina de que el placer de la siembra será eclipsado por el dolor de la cosecha.

Como pudo notar en la experiencia de Ester, las secuelas afectan toda la vida. Las relaciones sexuales fuera del matrimonio pueden producir terribles efectos emocionales. El sexo fuera del matrimonio puede traer culpabilidad, celos, temores, ansiedad, inseguridad, enojo, depresión, soledad, tristeza, amargura, vergüenza y muchas cosas más. De acuerdo a la enseñanza bíblica, aunque la persona no tenga ningún interés en Dios ni en sus principios y tenga su conciencia adormecida sin darse cuenta de su deterioro emocional, sufrirá lamentables consecuencias debido a que rompe con los principios elementales de la vida al ir en contra de las leyes del Creador de la familia y de las relaciones saludables. Conozco a personas enfermas de la columna vertebral que debido a que su enfermedad no puede ser curada, pues una cirugía tampoco puede corregir el problema, aprenden a vivir con el dolor. Si ese dolor apareciera en raras ocasiones la persona sufriría más de lo que sufre cuando el dolor es permanente. El dolor está ahí, la persona se acostumbra, sigue ocupada en su mundo, tiene ciertas restricciones, pero su vida continúa. Algunas personas acostumbran a buscar alivio cuando el dolor se intensifica. Mediante calmantes, descanso, determinados ejercicios y medicinas desinflamatorias logran pasar las crisis experimentando un dolor menos agudo. Luego, poco a poco, vuelven a su rutina. Así también los que no tiene altos principios morales o ningún interés en Dios y en sus valores se acostumbran a vivir en ese sistema. Al pasar por crisis más severas realizan determinados ejercicios emocionales, buscan algún calmante en otras relaciones, en vicios, en deportes o en diferentes adicciones y luego que pasan lo agudo del dolor vuelven a su rutina. Están enfermos pero han aprendido a vivir con la enfermedad. Así quien practica las relaciones sexuales fuera del matrimonio se acostumbra a vivir de esa manera, pero por estar rompiendo las leyes divinas no tiene buena salud emocional. Quien tiene conocimiento de los principios divinos y decide ignorar las demandas de su Creador vivirá con una conciencia llena de culpabilidad que no le permitirá disfrutar la vida en toda su extensión. Por cierto, como alguien dijo con mucha sabiduría, existen condones para prevenir los daños físicos y los embarazos, pero no existen condones para evitar el daño emocional.

Al contrario, con toda seguridad puedo decir que quienes practican las relaciones sexuales dentro del matrimonio, como Dios las diseñó, disfrutarán de positivos efectos emocionales. Cuando el acto sexual se realiza dentro de los límites establecidos por Dios se puede experimentar un sentimiento de seguridad, de satisfacción, de comprensión mutua. En el acto sexual, que es el momento de mayor cercanía emocional que pueden experimentar los seres humanos, se debe participar con alegría y sin temores, sin culpa, sin depresiones. Las relaciones sexuales dentro del matrimonio son ideales para el desarrollo de emociones saludables. Se puede permitir la satisfacción de pasiones lícitas, se pueden desarrollar sentimientos de cariño y ternura.

Las relaciones extramatrimoniales también pueden producir consecuencias negativas en el área de las relaciones interpersonales. Los hijos que se involucran en actividad sexuales fuera del matrimonio pueden traer terribles efectos en las relaciones de la familia. Una hija embaraza fuera de la vida matrimonial produce un inmenso dolor a sus padres. Ella misma vive una temporada de vergüenza; debe soportar la crítica, aun el desprecio de quienes no son sabios para enfrentar la crisis. Quien está cometiendo pecado sexual y tiene altos valores morales no puede vivir tranquilo, está obligado a vivir un doble patrón, una doble vida, una vida de hipocresía. La señorita que vive con una relación interpersonal pecaminosa tendrá que vivir bajo la mentira, la inseguridad; tendrá que ocultar sus actos delante de sus padres y delante de toda su familia, de la sociedad y de sus amigos. No sólo se inician los conflictos cuando se descubre a la persona, sino que aún cuando logra ocultar su pecado puede experimentar temporadas de aflicción, pues una conciencia normal no puede aceptar la vida de engaño. Cuando se descubre a un hijo en el pecado de fornicación se rompe la confianza de sus padres, la relación entre ellos se vuelve más tensa, ya que existirá más control y preocupación de los padres y el hijo se sentirá más molesto por la actitud precavida y estricta de ellos. Algunos padres que no saben manejar el conflicto de una hija embarazada han visto que sus problemas conyugales se incrementan. Incluso matrimonios fuertes pasan por períodos de serios problemas conyugales. A veces se culpan el uno al otro, o cada uno guarda su dolor dejando la relación marital en permanente tensión. Otros matrimonios, debido al dolor provocado por las acciones erróneas de sus hijos, viven temporadas de severos problemas y he sido testigo de la separación y el divorcio debido a que el embarazo de una hija llenó la gota de amargura y resentimiento que faltaba para provocar la peor de las crisis. No es poco común que los pecados de los hijos o los cónyuges, especialmente las relaciones sexuales fuera del vínculo matrimonial, provoquen el rompimiento del matrimonio, serios conflictos en las relaciones de la pareja, familias destruidas, e incluso violencia física y terribles momentos de angustia familiar.

Hablando positivamente, el sexo dentro del matrimonio ayuda a la pareja a experimentar la más grande cercanía. Si la pareja sabe actuar adecuadamente y conforme a los principios bíblicos, existirá comprensión, disfrutarán de una familia muy unida y existirá una buena relación interpersonal entre ellos. Como no existe la maldad entre ellos no tendrán que experimentar momentos de vergüenza ni de culpabilidad, ni de engaños ni de hipocresía. Las relaciones sexuales saludables que son producto de la verdadera intimidad producen una mayor necesidad de estar juntos y mayores deseos de disfrutar sus momentos de ternura y cuidado cariñoso. Las buenas relaciones sexuales entre los cónyuges no perjudican, sino que ayudan a las buenas relaciones interpersonales.

Las relaciones sexuales fuera del matrimonio pueden traer consecuencias físicas negativas. Existe la posibilidad de contraer enfermedades venéreas o de quedar embarazada. Podrían provocar el nacimiento de un hijo no planificado ni deseado que generalmente no recibe el mismo grado de ternura que un niño anhelado. La falta de proyección y de preparación de la madre, y la ausencia de responsabilidad paternal unida a las circunstancias traumáticas en que llega al mundo ayudan a que esa criatura no se críe en las circunstancias ideales. Tristemente, algunas chicas que quedan embarazadas ven que el muchacho que les juraba eterno amor se aleja totalmente de ellas, quedan marcadas para toda la vida y a partir de ese momento tienen que comenzar a vivir de una manera totalmente diferente. Las presiones y responsabilidades, así como la vergüenza, el deseo de ocultar su embarazo a los padres y a la sociedad, y a veces la irresponsabilidad del galán que la llevó a la cama, motivan a muchas señoritas con embarazos ilegítimos a elegir como vía de solución el aborto. No sólo cometen un crimen, sino que agregan a su historia otro pecado que es drásticamente penado por la Palabra del Señor. La persona que lo haga no solamente sufrirá consecuencias emocionales sino también consecuencias físicas y espirituales. Es decir, las relaciones sexuales antes del matrimonio pueden producir desde una enfermedad venérea pequeña y sencilla que se puede eliminar solamente con antibióticos, hasta consecuencias tan graves como el daño permanente de la matriz de la madre, la muerte de la madre al realizar un aborto o la muerte del niño no deseado. No debemos olvidarnos de aquel tremendo azote de la sociedad que se llama SIDA, el cual es un terrible peligro no sólo para el hombre que es promiscuo sexualmente, sino para la mujer que tal vez por primera vez tiene relaciones sexuales. Una persona infectada vivirá un terrible tormento que tristemente también afectará a toda su familia.

Debo advertir a los jóvenes que las personas que se inician en las relaciones sexuales prematrimoniales crean una necesidad constante de satisfacción sexual. La persona que se inicia en la actividad sexual intentará seguir buscando su satisfacción con mayor frecuencia. Al descubrir el placer sexual y la forma en que puede satisfacerlo seguirá su práctica, se acostumbrará a un sistema y debido a que la necesidad de placer generalmente crece, muchos ingresarán al mundo de la pornografía y crearán adicciones muy difíciles de abandonar.

José Antonio es el director de música de su congregación. Me escribió por la red de Internet contándome su triste historia. Su esposa e hija ni sospechan de la inmensa batalla que constantemente tiene.

Todo comenzó cuando José Antonio tenía quince años. El padrastro de José Antonio no era cristiano y en los tres años que habían vivido juntos tuvieron una muy buena relación de amistad. Asistían regularmente a la congregación junto a su madre, una mujer muy respetada y con un gran liderazgo.

José Antonio disfrutaba su vida cristiana, pero sintió que todo se derrumbó cuando casi al final de los catorce años descubrió el escondite secreto de las revistas pornográficas de su padrastro. La primera vez que su padrastro salió de viaje, de noche, tomó con mucho temor el primer ejemplar. Lo vio una y otra vez. No podía parar de mirar las escenas pornográficas. En más de tres ocasiones volvió a poner la revista en su lugar, pero después de un momento volvía a buscarla. Ni siquiera se atrevía a sacar otra. Durante los cinco días que su padrastro estuvo fuera leyó una tras otra y se inició en la práctica de la masturbación.

Uno de sus mejores amigos de la escuela hablaba siempre de lo que hacía. José Antonio creyó que era confiable para compartirle lo que había descubierto. Llegaron a un acuerdo. La próxima vez que su padrastro fuera de viaje, este amigo sería invitado a pasar el fin de semana con él. Llegó el esperado día y José Antonio y su amigo vieron detalle por detalle cada una de las revistas. De esa forma se adentró en el mundo de la masturbación.

Continuó haciéndolo por lo menos por un año, pero notaba que cada vez necesitaba hacerlo más. Ahora necesitaba tener frente a sí una revista, pero no podía sacar una de las de su padrastro pues lo descubriría. Finalmente un amigo le vendió una, y otra, y así siguió su compra y su práctica de la masturbación, pues cada día aumentaba su necesidad.

Cuando estaba a punto de cumplir los dieciséis años ya tenía tres meses de estar de enamorado de Patricia. Ella era una fiel cristiana. Era más de un año mayor que él y un tanto más madura. A los dos meses de estar saliendo ella quiso terminar su relación con él porque José Antonio demandaba cada vez más cercanía y caricias indebidas. Después de un mes, con un pequeño consentimiento de la chica, el muchacho siguió estimulándola y llegó un momento en que no podía contenerse. José Antonio admitía: «Ella consintió mis caricias pero yo la forcé a tener relaciones sexuales».

Todavía no cumplía los dieciocho años y con terrible desesperación y llorando amargamente Patricia le reveló a su novio su embarazo. Los padres los obligaron a casarse y ellos no pusieron mayor resistencia. Con una mezcla de culpa, de obligación y de querer enmendar su pecado se casaron. Cada uno siguió viviendo con su familia, pero se unían el fin de semana pues en la casa de su suegra lo permitieron así.

Después de un año José Antonio se gradúo de la escuela secundaria y comenzó a trabajar. Inició su mundo laboral en un almacén de instrumentos musicales y lo disfrutó, pues no sólo estaba en contacto con la música sino además pudo tomar clases.

Se entregó totalmente al aprendizaje y muy pronto había progresado a un nivel bastante elevado.

Comenzó a vivir con Patricia y en medio de serias dificultades en su relación matrimonial continuó involucrado en la pornografía. Al inicio se masturbaba entre semana cuando su esposa estaba en casa de su madre. Más tarde, cuando comenzaron a vivir juntos, lo hacía cuando estaban enojados, y posteriormente estaba tan adicto que lo hacía incluso después de tener relaciones con su esposa.

Ella lo descubrió y en medio de la más seria crisis volvió a la iglesia que abandonó luego del problema originado por el embarazo de su novia. Patricia se había sometido al proceso disciplinario, había crecido en su fe, pero ahora había descubierto algo aterrador. Había investigado el comportamiento de su esposo y después de meses de observar su conducta lo confrontó sólo para recibir un montón de mentiras y una conducta agresiva que le llevó a la desesperación, la cual a su vez la llevó a mi oficina.

Patricia siguió mis instrucciones y finalmente José Antonio estaba frente a mí admitiendo que no podía mirar a una mujer sin desvestirla con la mirada. Como director de música de su iglesia batallaba constantemente con ese terrible problema. No podía ministrar con pureza, su mente estaba llena de pensamientos maliciosos y a pesar de las oraciones, ayunos y lágrimas derramadas con absoluta sinceridad vivía en una montaña rusa emocional y espiritual. A veces estaba arriba disfrutando de una gran victoria pero en un momento volvía a sus malos pensamientos y descendía a lo profundo del abismo.

Cuando José Antonio estuvo por última vez en mi oficina debido a que lo referí a un sicólogo cristiano, me dijo con lágrimas en los ojos: «Si pudiera volver a vivir, nunca hubiera desatado mis pasiones. Es desesperante y aterrador amar a Dios, tener un ministerio, una linda esposa y niñas, y tener al mismo tiempo la mente llena de basura». Esa es la gran verdad querido lector, querida amiga, una de las dependencias más difíciles de abandonar es la del sexo. Es una pasión que arde y que demanda satisfacción aunque tenga que rechazar toda convicción saludable.

Fernando me escribió una carta sincera. Me encantan los jóvenes honestos y que buscan ayuda donde deben. En su carta enviada por Internet fue directo al grano: «Pastor, tengo 14 años y pienso en el sexo. ¿Es algo anormal? ¿Se enoja Dios por esto?»

Pensar en sexo a los catorce años es normal si sus pensamientos son saludables. Pecamos cuando entretenemos la mente con ideas pecaminosas. La vida sexual y los órganos genitales fueron creados por Dios. Cuando un joven se baña ve su cuerpo y puede tener pensamientos relacionados con la vida sexual. Los adolescentes entran en un proceso de cambio que tiene seria influencia en sus pensamientos pues experimentan nuevas sensaciones.

Dios permite un proceso normal de desarrollo y los padres debemos brindar la oportunidad de que el adolescente se prepare para un futuro emocionante. No es malo pensar en cómo será su vida cuando llegue a la relación matrimonial, ni aprender lo que es apropiado para la edad y para su nivel de comprensión siempre que se haga de forma sana. De esa manera se prepara para llegar saludablemente al más grande evento de su vida sexual, cuando comparta su intimidad con su cónyuge.

Con el paso de los años un joven va deseando cosas nuevas como escuchar música juvenil y tener un equipo de sonido, poseer su bicicleta o su automóvil; pero todo tiene que ser a su debido tiempo, debe esperar al momento en que esté emocional, física y legalmente capacitado para hacer lo que desea. De la misma manera que un atleta se entrena saludablemente para el tiempo en que debe competir y puede disfrutar de su privilegio, así un joven se va entrenando en la vida, siguiendo las reglas morales, espirituales, físicas y emocionales que le permitan tener ese privilegio en el momento oportuno. La relación sexual es aprobada por el creador de la vida y es tan magnífica, tan grandiosa, que vale la pena realizar cualquier esfuerzo y tener toda la paciencia que se requiera para asegurarse de que será todo lo que Dios planificó y que la disfrutaremos cuando, como y con quien Dios desea.

Por supuesto que todo tiene otra cara. Se puede pensar en el sexo de una manera destructiva, se puede iniciar el proceso en un momento inadecuado y de formas traumáticas. También una persona joven puede convertirse en obsesiva, irrespetuosa, dominada por sus pasiones y manipuladora de los sentimientos de otros para lograr satisfacer sus más bajas pasiones. Cada individuo elige el conducto por donde canalizará sus sentimientos y pasiones.

Analizado positivamente, el sexo dentro del matrimonio tiene hermosos efectos físicos. Existe una profunda satisfacción en el acto más íntimo de todas las relaciones humanas. El sexo es parte de la vida, fue creado por Dios para disfrutarlo. La pareja casada puede disfrutar de caricias, ternura y un cúmulo de sensaciones hermosas que sólo se experimentan en el contacto físico total de dos personas que se aman con el amor puro y santo que Dios nos enseña en su Palabra. Con un amor que no se basa en las emociones y pasiones cimentadas en las ideas y sentimientos humanos falibles e imperfectos, sino en las más elevadas y saludables convicciones divinas infalibles y perfectas.

No podría completar un escrito como este sin mencionar las consecuencias espirituales. No existe ninguna duda de que los pecados de fornicación y adulterio son seriamente condenados en las Escrituras. Como he repetido en este libro, en la Biblia no se llaman «relaciones extramatrimoniales o relaciones prematrimoniales», sino simplemente pecado. Muchos ejemplos que se registran en la Biblia nos dan evidencias de que existen serias consecuencias en la vida de la persona que comete inmoralidad sexual. Al pecar estamos interrumpiendo nuestra relación con Dios que es la única fuente de poder sobrenatural que nos puede ayudar a vivir una vida normal en este mundo. La gran verdad es que delante de Dios no existen pecados más grandes que otros. Para Él todos los pecados son iguales, tanto una mentira como un adulterio. Sin embargo, es evidente que hay pecados que traen más serias consecuencias a la vida del hombre. Los pecados que describen inmoralidades sexuales, incluyendo el adulterio y la fornicación se describen como pecados que producen las más serias secuelas en quienes deciden practicarlos. La fornicación es una rebelión contra Dios. Denigra la sexualidad y rompe el plan divino para el matrimonio.

Damaris escribió una carta interesante: «Le escribo pues todo lo que escucho a mi alrededor son comentarios de amigas que hablan de cuán rápido entran en las relaciones sexuales con sus novios o con cuantos muchachos se han acostado. Siempre me dijeron que si tenía sexo con mi novio arruinaría nuestra relación. No tuve relaciones con él rápidamente, ni me he acostado con otra persona, pero nos hemos amado por más de dos años y hace un año empezamos nuestra vida sexual. Ninguno de los dos experimenta lo que usted escribió en unos de sus artículos en su página de la Internet. Nos amamos más que nunca y nuestro cariño ha crecido maravillosamente en los últimos meses. No nos presionamos, nos respetamos y nos cuidamos para no tener hijos. Si tuviera unos 25 años, creo que me casaría, pero los dos estamos estudiando, tenemos 21 años y aunque nos gusta lo que usted explica de la Biblia en sus programas de radio, en este tema estamos en desacuerdo».

Positivamente hablando, el sexo dentro del matrimonio y practicado de acuerdo a las normas del creador de la relación sexual es una práctica que permite la más grande intimidad. Una relación íntima integral, es decir, que toma en cuenta las necesidades físicas, emocionales y espirituales de ambos cónyuges no es sólo saludable, sino una bendición. Cuando ambos cónyuges comprueban su interés por satisfacer las necesidades de caricias y ternura, cuando ambos se tocan con ternura y respetan el cuerpo de su cónyuge, ambos se sienten estimulados. Cuando ambos no sólo están preocupados de tener sexo, sino de suplir las necesidades emocionales de respeto y buen trato, cuando ambos se tratan con dignidad y en vez de pensar solamente en su satisfacción buscan con cariño y amor la satisfacción, tranquilidad y paz emocional de la persona amada, existe una conexión de sus emociones que permite la satisfacción integral. Cuando no existe adulterio, cuando otra mujer u otro hombre no ocupan la mente de uno de los cónyuges, existe la conexión espiritual imprescindible para completar la relación íntima. Positivamente hablando, la relación sexual dentro de los vínculos de la relación matrimonial aumenta la autoestima, refuerza la dignidad, intensifica el cariño y el aprecio. Cuando existe intimidad sexual saludable ninguno de los dos se siente usado ni experimenta desprecio, pues esta unidad integral provee a la pareja la oportunidad de tener una relación interpersonal cercana e íntima. Cuando la pareja realiza las relaciones sexuales de acuerdo con los principios bíblicos podrá disfrutar de gran tranquilidad espiritual y una verdadera paz con Dios. Dios bendice esa relación por la pureza que existe. Cuando satisfacemos la necesidad sexual creada por Dios dentro de los límites establecidos en su Palabra nos trae enorme satisfacción pues hay ausencia de pecado. El sexo no es un pecado cuando se practica dentro del matrimonio y conforme a las indicaciones divinas. A pesar del concepto religioso legalista que cree que las relaciones sexuales deben evitarse como una forma de sacrificio que nos acerca a Dios, un buen estudio de la Biblia nos muestra que la intimidad en la vida matrimonial de ninguna manera nos aleja de Dios. Tampoco es verdadero el concepto popular de que el pecado de Adán y Eva fue la relación sexual. Esa interpretación de las Escrituras es errada. Al estudiar mis conferencias y materiales sobre el sexo en el matrimonio comprenderá que después de una seria investigación he llegado a la misma conclusión que comparten muchos estudiosos y comentaristas bíblicos serios, es decir, que Dios no nos exhorta a evitar las relaciones sexuales, más bien nos anima a disfrutarlas bajo sus directrices. En mi serie de audio casetes titulada «*El sexo: ¿Cuerpos juntos o corazones íntimos?*», enseño que la actividad sexual en la pareja es animada tanto en el Antiguo como en el Nuevo Testamento. A la inversa, el retiro sexual es desanimado por el apóstol Pablo. Aún cuando la pareja quiere retirarse por las causas más nobles como por ejemplo el deseo de dedicarse a la oración, notamos las claras directrices apostólicas para evitar el pecado. Pablo dice que la pareja que se niega sexualmente, debe hacerlo de común acuerdo, por un tiempo limitado y para dedicarse a la oración. Pablo dice que retirarse por mucho tiempo pone en peligro la relación conyugal pura, pues existirá una seria presión a satisfacer el deseo sexual y esa urgencia permite la necesidad y puede conducir a la pecaminosidad. Quien necesita regularidad en sus relaciones sexuales y pasa por un tiempo prolongado de retiro de la actividad sexual estará más vulnerable y por lo tanto, más propenso a caer en pecado.

Es absolutamente ridículo creer que una persona puede romper las leyes de la naturaleza y no sufrir las consecuencias. Creo que ninguna persona en sus cabales estaría dispuesta a tirarse del quinto piso de un edificio para romper la ley de gravedad sin ningún tipo de protección que impida que la caída sea libre. Sin un paracaídas u otra protección el desafío a la ley de gravedad es un suicidio y conduce a la destrucción. De la misma manera que nadie puede romper las leyes físicas sin sufrir los efectos, nadie puede romper las leyes emocionales o espirituales sin sufrir las consecuencias, es muy poco sabio pensar que se puede hacer esto. Todos tienen temor de intentar romper las leyes físicas, cada intento sería un fracaso. Muchas personas rompen las leyes sobre las emociones, las que aseguran que no se debe jugar con ellas si desea evitar traumas, amargura, angustia y resentimiento. Es una gran verdad que no debe ignorarse.

Quienes quebrantan las leyes de la vida emocional experimentarán consecuencias que afectarán sus emociones. Por ejemplo, quien quiere vivir en adulterio, no sólo rompe las leyes espirituales, sino también juega con sus emociones y las ajenas, por lo que vivirá en un mundo de engaño, culpabilidad, sospecha y temor. El joven que actúa como un «don Juan» aunque parece vivir en un mundo emocionante de conquista y aventura, está jugando con sus emociones y con la vida emocional de otros. Su mundo emocional será afectado y aprenderá a no tener relaciones serias, de respeto y duraderas, se acostumbrará a sacar lo mejor de los demás y a no compartir el amor verdadero, sino experiencias pasionales. Esa costumbre no se acaba al ponerse un anillo en el dedo, y esa tendencia a la falta de compromiso junto con el no haber aprendido a permanecer en una relación estable le presionará al aburrimiento y al cansancio en su relación conyugal. Los padres que al intentar disciplinar a sus hijos más bien abusan de ellos, provocan heridas y traumas que afectan el mundo emocional del niño. Producen temor, enseñan un rol paternal erróneo, motivan a resolver los problemas con violencia y destruyen la autoestima del niño. El romper las leyes que regulan el mundo de los sentimientos provocará en el niño amargura y resentimiento.

De alguna manera tenemos temor de romper las leyes físicas y emocionales; pero la mayoría de las personas creen que pueden romper las leyes espirituales y no sufrir las consecuencias. Eso es un grave error. La Palabra del Señor dice que todo lo que el hombre sembrare, eso también segará; que el que siembra para la carne, de la carne segará destrucción; mas que el que siembra para el espíritu, del espíritu segará vida eterna. Por lo tanto, es imposible romper las leyes de Dios y no sufrir las consecuencias designadas por Él. Es cierto que Dios es misericordioso y que está lleno de amor; pero no olvide que nuestro Dios es también un Dios de justicia. La Biblia enseña que cuando nos arrepentimos, por el amor y la gracia de Dios somos perdonados; pero también nos recuerda que vamos a cosechar lo que decidimos sembrar a pesar de que hemos decidido confesar.

CAPÍTULO OCTAVO

UN CONSEJO SINCERO PARA QUIENES QUIEREN ABANDONAR EL PECADO

«CALLAR Y OCULTAR UN ESTILO DE VIDA PECAMINOSO SÓLO CONDUCE A LA DISCIPLINA DIVINA Y A UNA VIDA DE ANGUSTIA Y AFLICCIÓN. EL ARREPENTIMIENTO Y LA OBEDIENCIA SON FUNDAMENTALES PARA SU RESTAURACIÓN Y REALIZACIÓN»

Si usted conoce las enseñanzas que comparto a través de los programas de radio se habrá dado cuenta que constantemente anhelo ser transparente. De ninguna manera quiero dar una imagen de perfecto. A pesar de todo el conocimiento adquirido, de haber nacido en un hogar cristiano y de haber estado toda mi vida en la iglesia, soy igual que usted. Yo también tengo una naturaleza pecaminosa con la que constantemente debo luchar. Quisiera decir que siempre tengo la victoria, pero no sólo sería un hipócrita, sino que además haría el ridículo tratando de ocultar nuestra realidad humana. Sin embargo, constantemente intento aprender de mis errores y evitar caer en la misma conducta errónea. De eso puede estar seguro. De los errores cometidos y de las Escrituras he aprendido algunas cosas importantes cuando se trata de luchar por vivir en santidad. Por ello no quiero compartir solamente principios bíblicos, sino algunas sugerencias honestas para todos los que me acompañan en esta seria batalla contra el pecado.

UNA EXPERIENCIA DIFÍCIL Y LECCIONES GRANDIOSAS

Una de las experiencias más difíciles de mi vida ocurrió mientras estudiaba en la Universidad. Estaba en mi último año en Talbot Seminary, la escuela de Teología de Biola University, en California. Mi programa de Maestría duraba cuatro años, pero decidí realizarlo lo más rápido posible. Me gradué en dos años y medio, pero unos meses antes de mi graduación sufrí el más severo estrés de mi vida. En ese momento ni siquiera sabía lo que ocurría conmigo. Dos años y medio de estudio, sin descansar entre los semestres, no fueron fáciles. Trabajaba como pastor de una congregación, estudiaba a tiempo completo y hacía serios esfuerzos por estar con mi familia. Mi esposa y cuatro hijos son los que también merecen mi título.

Sentí que moría. Incluso comencé a llamar desesperadamente a las compañías de seguros pues mi partida hubiera dejado en el total desamparo a mi esposa e hijos. La angustia me consumía pues la depresión ya no sólo afectaba mis emociones sino me agotaba físicamente. Los médicos hicieron su mejor trabajo para determinar qué me estaba destruyendo, pero el diagnóstico final fue que estaba totalmente agotado y la única solución era empezar un programa para recuperar mi energía y eliminar el estrés. La experiencia fue muy difícil (puede consultar mi libro sobre el estrés) pero enriquecedora. Debido a que soy un hombre comprometido con la excelencia y con una gran determinación para alcanzar grandes metas, las grandes presiones serán mis compañeras de viaje por la vida. En ese momento ni siquiera sabía lo que me ocurría. Gasté más dinero del que tenía, demoré mucho más en mi recuperación, provoqué mayores tensiones en mi familia y hasta puse en peligro mi vida porque no tenía el conocimiento necesario para detectar a tiempo mi condición y dar los pasos necesarios para su prevención y mi recuperación. Sin embargo, después de aquella experiencia y debido a mi naturaleza investigadora, aprendí que puedo prevenir el estrés y que debo manejarlo antes de que me maneje a mí. Ahora no sólo conozco los síntomas que experimento cuando se acerca. Sino incluso lo que debo hacer para evitar que aparezca en los niveles destructivos. Ahora conozco su proceso. Noto cuando empieza a manifestarse levemente y las etapas que vienen. Con el conocimiento necesario, sólo necesito sabiduría, determinación y dominio propio para no continuar en el proceso destructivo que genera el terrible enemigo llamado estrés. De la misma manera, es posible que usted mi querido lector no haya conocido nada de lo terrible de las experiencias pecaminosas que ha elegido, pero ahora sí sabe. Ahora está informado, ahora debe batallar con todas sus fuerzas, detectar con sabiduría cuándo las tentaciones lo están convenciendo y huir rápidamente para evitar las consecuencias inteligentemente.

EL PROCESO SENCILLO DE UNA CAÍDA MUY COMPLICADA

El pecado no llega súbitamente, le damos cabida poco a poco. Tal como el estrés, va produciendo lentamente un proceso destructivo. Para enfrentar el pecado necesitamos sabiduría para entenderlo no sólo a él, sino también a sus consecuencias. Nos hace falta determinación para permanecer firmes, para mantenernos fieles a los principios divinos a pesar de la presión externa. Precisamos de dominio propio para no permitir que nuestras pasiones nos dominen. Sin embargo, siendo un pecador sé que todo esto puede quedar en grandes pensamientos teóricos, podemos tener todo el conocimiento del mundo y seguir siendo dominados por el pecado. Por eso necesitamos conocer más profundamente el proceso que vive el individuo antes de caer en los más terribles pecados. Siendo un pecador igual que usted e igual que mi gran héroe el rey David, también he vivido experiencias pecaminosas. ¿Usted no? Todos los seres humanos las vivimos, pero sólo algunos aprenden grandes lecciones que les ayudan a detectar cuándo aparece la nueva tentación, y ha huir cuando ese es el mejor camino.

En la terrible y dolorosa experiencia de David se manifiesta un proceso que deseo compartir para que le sirva como un modelo que le ayudará a vivir prudentemente. David se conocía bien, tal como usted y yo nos conocemos. Sin embargo, tal conocimiento no fue suficiente, por lo que aprendió a examinarse constantemente y a pedir a Dios que lo examinara. ¿No cree que esa es una excelente idea? Su petición constante fue: «Examíname, oh Dios, y ve si en mí hay corazón malo de incredulidad para apartarme de tus caminos».

Ese proceso que se agrava hasta convertirse en una espiral

descendente se describe claramente en la explicación del Salmo 19.12,13, un salmo de David:

«¿QUIÉN PODRÁ ENTENDER SUS PROPIOS ERRORES?»

El inicio del proceso de caída de David bien puede identificarse en la siguiente declaración: «¿Quién podrá entender sus propios errores?» Parece sencillo reconocer y entender sus errores, pero la verdad es que somos más adeptos a encontrar los errores de los demás que los nuestros. Somos expertos para ver la paja en el ojo ajeno e ignorar la viga que tenemos en nuestro propio ojo. Nos encanta la misericordia cuando pecamos y la justicia cuando otros pecan, especialmente si nosotros somos los afectados. Pero, ¿cuán difícil es entender sus propios errores? Cuando aconsejo a jóvenes me doy cuenta de lo fácil que es para ellos acusar a sus padres y criticarlos por los errores que cometen, pero que es muy difícil ser sinceros y entender que ellos cometen pecados que causan dolor a sus seres queridos. Lo mismo ocurre cuando los padres buscan mi consejo. Cuando están en conflictos con sus hijos, generalmente no me buscan para entender sus propios errores, sino para que ayude a sus hijos a descubrir los pecados que están cometiendo.

David sabía por experiencia propia que no era sencillo entender sus propios errores. Después de todo, así, con pequeños errores, comenzó su terrible caída. ¿Recuerda lo que dice el pasaje? Cuando los reyes salían a la guerra, David decidió quedarse en el palacio. Cuando salió a dar un paseo por la terraza y vio a Betsabé desnuda, volvió a dar la segunda mirada, y luego la tercera, y la cuarta, y se dejó absorber por su belleza. Fueron pequeños errores difíciles de reconocer y que también nosotros cometemos, ¿no es cierto? ¿Puede identificar en este momento algunos pequeños errores que está cometiendo? ¿Está errando al relacionarse exclusivamente con chicas no cristianas? Ya sé lo que esta pensando y tiene razón. No hay pecado en relacionarse con respeto e integridad, pero es un error buscar sólo la compañía de personas no cristianas. Digo que es un error porque no brinda la oportunidad de relacionarse con chicas cristianas y de desarrollar amistades que le permitan poder escoger a alguien para casarse entre personas de su misma fe. ¿Es soltero y está cometiendo el error de relacionarse como un amigo muy cercano con una mujer casada? Sé que piensa que al hacerlo no está pecando. Tampoco yo lo he dicho. Sólo dije que comete un error, pues es muy difícil que un hombre y una mujer sean amigos íntimos, y en esa relación corre el peligro de seguir cometiendo más errores que le pueden llevar a pecados serios.

¿Está cometiendo el error de visitar a su novia cuando está sola en casa sin la supervisión de sus padres? No dije que era un pecado, dije que era un error. Esa equivocación puede desencadenar una cadena de errores que le pueden llevar a pecar ¿Actúa de forma demasiado abierta, muy extrovertida, se excede en las bromas con personas del sexo opuesto y nota que le están faltando el respeto? No cometa esos errores. Algunos son pequeños, inadvertidos, sin mala intención, pero son errores que pueden llevar a serios pecados.

«LÍBRAME DE LOS QUE ME SON OCULTOS»

Esta es la segunda petición de David. Le pide al Dios omnipresente y omnisciente, al Dios que todo lo sabe, que le libre de cosas que ni siquiera conoce. Para David, así como para mí y para usted, existen errores, pecados ocultos que tal vez hemos cometido en el pasado y que nunca hemos confesado a Dios. Tal vez existen áreas de nuestra personalidad que han sido afectadas, que nos incitan a cometer equivocaciones y ni siquiera nos damos cuenta de su influencia. Por ello David dice : «Oh Dios, tú conoces más de mí que lo que yo mismo conozco, líbrame de las influencias, errores y pecados que para mí son ocultos».

No sólo podemos actuar erróneamente por tendencias que aun para nosotros son ocultas, sino que al continuar el proceso descendente de nuestra caída en el pecado, después de los errores, viene nuestra tendencia a ocultarlos. Algo oculto es algo encubierto. No son sólo los pecados que se cometen en lo oculto, pues la gran mayoría de ellos se consuman así, sino los pecados que preferimos ocultar. Esta parte del proceso va desde lo más sencillo a lo más complicado. La persona puede simplemente no revelar y mantener en la oscuridad sus acciones o puede intentar poco a poco ir agregando más errores, más pecados, con el fin de no ser descubierta.

En su experiencia David hizo exactamente eso. Determinó utilizar su inteligencia para que el embarazo de su amante apareciera a la vista del público y de su esposo como algo normal. Mandó a buscar de la guerra a Urías, el esposo de Betsabé. El astuto rey pensó: «Si traigo a este guerrero, después de estar tanto tiempo en el campo de batalla, con toda seguridad deseará tener relaciones sexuales con su esposa». David pensó lógicamente, juzgó conforme a sus propias pasiones. Pero Urías no pensaba lo mismo. Él se preguntó: «¿Cómo es posible que todos mis compañeros estén en la guerra y yo disfrutando de mi vida sexual en la casa?» Su decisión fue no tener intimidad con su esposa. El sagaz plan de ocultar el pecado de la forma más inteligente había fallado miserablemente.

Sin dudas, al inicio de su relación adúltera David intentó en forma sencilla mantenerla en oculto. Al principio su estrategia era sutil y nada violenta, pero poco a poco, y ha medida que más sentía la amenaza de ser descubierto, más tenebrosas ideas se le ocurrieron. Es terrible para quien comete actos indebidos darse cuenta de que cada vez aumenta más el riesgo de que lo descubran. La persona puede llegar a extremos increíbles porque deja de pensar racionalmente. Eso es exactamente lo que ocurrió con David, quien al principio de su aventura nunca se imaginó que llegaría a tan terribles extremos.

«PRESERVA TAMBIÉN A TU SIERVO DE LAS SOBERBIAS»

Mientras enfrentaba las consecuencias de su adulterio David pasó del nivel de ocultar su pecado al de la soberbia, para poder evitar que lo descubrieran. A pesar de entender plenamente que hacía mal y ponía en peligro su vida, David continuó en caída. Su orgullo le impedía obedecer a Dios. Su soberbia le llevó a ignorar el peligro de las terribles consecuencias. La soberbia enceguece, quita a Dios del lugar de preponderancia que le hemos asignado al aceptarle como nuestro Salvador y Señor, poniéndonos a nosotros y nuestras pasiones en el lugar de mayor importancia. Nuestros deseos pecaminosos nos ciegan. El talentoso salmista estaba enceguecido, sus estratagemas habían fallado y debía buscar una nueva forma de ocultar su pecado. Con soberbia determina que Urías no se burlaría de su estrategia y prepara su nueva maniobra. El soldado no podía ser más inteligente que él. Urías en su sano juicio y debido a su amor por su ejército y por sus compañeros de batallas, decidió no estar íntimamente con su esposa. David se dio cuenta de que Urías en su sano juicio dependía de sus convicciones y no de sus pasiones, aunque en ese momento la satisfacción de ellas era un acto legítimo. David había hecho todo lo contrario y su soberbia no le permitiría sentirse humillado por ninguno de sus subalternos. Aunque el soldado decidió no estar íntimamente con su esposa, David inventó un plan para obligarlo. Decidió que emborracharan al esposo de su amante, pero ni aun así logró que tuviera relaciones sexuales con su esposa. Urías actuó por convicción y no por sentimiento. David actuó con soberbia y no con buenos sentimientos. Tristemente eso no sólo ocurrió con David, también ocurre con nosotros. Cuando la soberbia nos domina, nuestras pasiones nos motivan a despreciar los valores que hemos aprendido. Cuando la pasión y la soberbia nos dominan nada importa, y así enceguecidos estamos dispuestos a ir hasta las ultimas consecuencias. David se encontró en esas circunstancias y es tal vez por eso que al escribir su Salmo pide a Dios que lo libre de la soberbia. David no era un malvado pagano que se deleitaba en dejar mujeres embarazadas, era un hijo de Dios que cayó en la tentación y desesperado trataba de ocultar su pecado. Por experiencia sabía cuán destructivo es tener un corazón ensoberbecido.

«QUE NO SE ENSEÑOREEN DE MÍ»

En la espiral descendente en que se encontraba David, el siguiente nivel en el que cayó fue en el del señorío del pecado. Usted rompe todas las reglas cuando el pecado ha tomado el control de su vida. David lo sabía. El grandioso rey de Israel nunca había caído tan bajo. Toda su inteligencia la utilizó para fraguar uno de los planes más maliciosos de toda su vida. Tenía todas las de ganar pues era el rey y como tal tenía todo el poder a su disposición, por lo que utilizó su inteligencia para llevar a cabo su malévolo plan. Cuando el pecado se enseñorea es el que manda. Cuando toma dominio de nuestra vida, es esa terrible naturaleza pecaminosa la que nos lleva a planear las más horrendas acciones. La desesperación de un hijo de Dios que no quiere ser descubierto puede llevarle a pensar en algo tan horrible como el asesinato. Así es, mi querido lector. David planificó ingeniosamente el asesinato de quien sin saberlo y sólo por actuar correctamente debido a sus grandes convicciones firmó su sentencia de muerte.

Quisiera que observe el astuto plan que concibió en su mente pecaminosa. Con el mismo Urías, David envió una carta a su general. Joab recibiría las instrucciones de ponerlo en la primera línea del mismo frente de batalla para que las flechas del enemigo tuvieran un blanco fácil. Y los enemigos con gran facilidad terminaron el trabajo que diseñó un pecador desesperado. Mataron a un gran guerrero, un buen esposo, un hombre de grandes convicciones. David estaba totalmente dominado por sus pecados y parecía haber conseguido su objetivo.

Si se encuentra en pecado y ha pensado algunas estrategias para poder ocultarlo es posible que piense que este sí fue un plan siniestro. Tal vez está pensando: «Yo nunca haría eso, yo nunca cometería un asesinato». Pero algunos sin tener conocimiento, porque nunca nadie nos advirtió, hemos cometido terribles errores y pecados. Piense bien y después de pensar fríamente se dará cuenta de que ha hecho algo horrible para ocultar su pecado. Ha sido un acto espantoso, una estrategia siniestra realizar ese aborto para no ser descubierto. Algunos recién comienzan a darse cuenta de cuán grave fue su actuación y no quisieran nunca haberla realizado, pero ya es tarde. Ahora, después de buscar el perdón divino, debe levantarse y seguir adelante para nunca más cometer un acto como ese. Pero debo advertir a mentes sencillas, inocentes y que todavía no han logrado ver lo grave de los pensamientos que están pasando por ellas, que es mejor que piense bien y busquen ayuda. No es tarde para quien está pensando cometer un aborto. Si antes de leer este libro sólo pensaba que era una buena estrategia para librarse de las consecuencias del pecado, espero que comprenda que está a punto de cometer un pecado mucho mayor, terrible. De ninguna manera permita que el pecado se enseñoree de usted y le lleve a cometer tan terribles acciones. No lo permita, se evitará más graves consecuencias que las que ya experimentará por actuar en desobediencia.

«ENTONCES...ESTARÉ LIMPIO DE GRAN REBELIÓN»

Me alegra que David, el hombre conforme al corazón de Dios, no llegara a la gran rebelión. Esta no es esa rebelión que nos mueve a renunciar a vivir bajo los principios divinos.

Es una gran rebelión que mueve al individuo a no aceptar ninguna exhortación, es el rechazo consistente a toda amonestación, típica del corazón endurecido que se resiste al arrepentimiento y que determina seguir su propio camino destructivo a pesar del intento de Dios de perdonarle y darle una nueva oportunidad. Pedro se rebeló contra Dios y negó a su Maestro no una, sino tres veces, pero la mirada de su Señor traspasó su corazón y lo conmovió. Pedro lloró amargamente. Dios, quien es el Dios de la segunda oportunidad no se la negó al impulsivo discípulo. Jonás se rebeló contra las órdenes de Dios y decidió seguir su propio camino. Se enojó, se molestó, pidió que Dios le quitara la vida, pero luego su corazón fue conmovido y buscó el perdón de Dios. David también se rebeló, negándose a vivir una vida de santidad, pero no llegó a la gran rebelión que experimentan quienes no aceptan ningún llamado al arrepentimiento y obligan a Dios a dejarlos en su espiral de decadencia. Ese es el momento en que Dios los deja que lleguen hasta el final de la cuerda y los entrega a sus pasiones y concupiscencias. David no llegó hasta ese nivel sino aceptó la exhortación del profeta Natán y se arrepintió.

La historia del arrepentimiento de David es impresionante. Pienso que es la historia de todos nosotros. Sin temor a equivocarme creo que todos alguna vez hemos sido confrontados por Dios. Tal vez sus experiencias no han sido tan dramáticas pero entiende muy bien lo que significa ser confrontado por Dios. Hoy más que nunca entendemos que no hay cómo escaparse de su presencia. Lo sabía bien el salmista y escribió: «Adonde iré Señor de tu presencia. Tu espíritu divino en todas partes está. Si fuere a las alturas a esconderme entre las nubes, allí estas tú». No podemos eludir la justicia divina. Tarde o temprano, en algún momento, en alguna circunstancia, experimentaremos la amonestación divina porque Dios disciplina a los verdaderos hijos.

Su Espíritu en algún momento traerá convicción o enviará a unos de sus siervos para traer las más dramáticas palabras de amonestación.

El rey David, como parte de sus funciones gubernamentales, debía constantemente realizar juicios. Estaba acostumbrado a que le presentaran los casos para que como rey juzgara la situación y comunicara su veredicto. El profeta Natán recibió la orden divina de realizar una de esas visitas dramáticas que cuando ocurren, marcan nuestras vidas.

Como era su costumbre, David escuchó el relato del fiscal. No tenía la menor idea de quién era el acusado. Natán expuso el caso con mucha delicadeza. Relató cómo un hombre rico que tenía muchas ovejas cometió un acto terrible y por ello debía ser juzgado. Su pecado fue tomar sin permiso la única oveja de su vecino, el cual era un hombre pobre que cuidaba con mucho cariño su única oveja. Era su posesión amada. El hacendado dueño de muchas ovejas recibió una visita y quiso darle una recepción cariñosa. Quiso brindarle una comida apetitosa pero no con una oveja de su pertenencia sino con la única oveja de su vecino.

El rey David ni siquiera permitió que le dieran todos los detalles de la historia. Antes de que el profeta terminara dictaminó con gran vehemencia el resultado de su juicio. Con gran energía y sin sombra de duda determinó: «Ese hombre debe morir». Al rey le pareció inaudito que aquel hacendado fuera capaz de tanto abuso. Me imagino que Natán, el profeta enviado por Dios, lo miró directamente a los ojos, apunto con su dedo índice y le dijo sin temor: «Ese hombre eres tú».

Me alegra sobremanera que la historia terrible de este adulterio no terminara en la gran rebelión sino en una verdadera humillación. En el proceso descendente en que caemos cuando decidimos dar rienda suelta a nuestras pasiones existen severos peligros. Rara vez caemos súbitamente. Generalmente vamos cayendo poco a poco y cada vez cometemos pecados más graves, y por ende, también las consecuencias son más severas. Mientras más nos involucramos, más difícil es nuestra salida, más dura será la confrontación y más terribles las consecuencias. Cuando la persona llega a la rebelión ya nada le importa. No le preocupa su familia, ni su vida, ni Dios. Es allí cuando Dios determina entregar a la persona a sus propias concupiscencias. Pablo dice a los Romanos que en la antigüedad cuando los hombres prefirieron sus pasiones en vez de vivir bajo saludables convicciones, cuando eligieron adorar a la creación en vez de al Creador y por ello se pervirtieron, Dios decidió entregarlos a sus propios deseos pecaminosos y cometieron actos que van en contra de toda moralidad. Por esta razón vemos personas que siguen bajando y bajando al abismo del pecado sin que le importe el daño que hacen. Sus pasiones van en proceso de aumento y persisten en su descenso. Siempre desean más de lo que tienen y buscan experimentar con nuevas desviaciones. Inocentes relaciones sexuales antes del matrimonio pueden despertar una pasión por el sexo que puede llevar a un muchacho a la masturbación, la pornografía, los desvíos sexuales y a la promiscuidad. Esas manifestaciones extremas pasan a ser parte del estilo de vida de una persona que decidió rebelarse contra los principios establecidos por Dios y está dispuesta a hacer lo que cree, lo que siente, aquello por lo cual siente pasión, sin ni siquiera notar que va camino a la destrucción.

Si desea disfrutar de su adolescencia sin tensiones destructivas, le animo a que haga lo constructivo. El sexo a escondidas produce severas tensiones.

Si desea ser libre para alcanzar sus metas y enfocarse en una preparación sabia para un futuro exitoso, le ruego que no haga lo que le lleva al fracaso. El sexo fuera del matrimonio quita el enfoque en lo correcto y motiva a lo incorrecto.

Si desea ser libre de enfermedades venéreas que pueden poner en peligro sus relaciones sexuales normales dentro del matrimonio, le ruego que no las busque. Sea objetivo con su salud. Las relaciones sexuales antes del matrimonio le pueden llevar a la promiscuidad y corre el riesgo de ser infectado.

Si desea ser libre de graves problemas emocionales, evitar la culpa, los traumas y los temores, le ruego que no confunda el amor con el sexo. Los condones pueden ayudarle a evitar el embarazo no deseado, pero no pueden evitarse los problemas emocionales.

Si desea evitar el dolor y el peligro del asesinato llamado aborto, o de dar su bebé en adopción y sentirse culpable toda la vida, no tenga relaciones sexuales regulares o en forma ocasional sin un verdadero amor y un compromiso matrimonial.

Si desea obedecer a Dios, que sólo desea lo mejor para usted, llegar sin traumas a disfrutar la vida con el ser que ama, compartir felicidad y paz con sus padres y familiares que le quieren de verdad, aprender la fidelidad y el respeto mutuo, preparar su boda con anticipación y alegría, y disfrutarla como uno de los más grandes acontecimientos de su vida, le ruego que diga NO a las pasiones humanas y Sí a las convicciones divinas. No existe ser humano más feliz que el que viven en obediencia a su Creador y cumple el propósito para el cual fue creado.